走遍世界很简单

ZOUBIAN SHIJIE HENJIANDAN

尼日利亚大探秘
NIRILIYA DATANMI

知识达人 编著

成都地图出版社

图书在版编目（CIP）数据

尼日利亚大探秘 / 知识达人编著 . — 成都：成都地图出版社，2017.1（2021.10 重印）
（走遍世界很简单）
ISBN 978-7-5557-0416-4

Ⅰ . ①尼… Ⅱ . ①知… Ⅲ . ①尼日利亚—概况 Ⅳ .
① K943.7

中国版本图书馆 CIP 数据核字 (2016) 第 208183 号

走遍世界很简单——尼日利亚大探秘

责任编辑	魏小奎
封面设计	纸上魔方

出版发行	成都地图出版社
地　　址	成都市龙泉驿区建设路 2 号
邮政编码	610100
电　　话	028－84884826（营销部）
传　　真	028－84884820
印　　刷	唐山富达印务有限公司

（如发现印装质量问题，影响阅读，请与印刷厂商联系调换）

开　　本	710mm×1000mm　1/16
印　　张	8	字　　数	160 千字
版　　次	2017 年 1 月第 1 版	印　　次	2021 年 10 月第 4 次印刷
书　　号	ISBN 978-7-5557-0416-4
定　　价	38.00 元

版权所有，翻印必究

前 言

美丽的大千世界带给我们无限精彩的同时，也让我们产生很多疑问：世界上到底有多少个国家？美国到底在什么地方？为什么奥地利有那么多知名的音乐家？为什么丹麦被称为"童话之乡"？……相信这些问题经常会萦绕在小读者的脑海中。

为了解答这些问题，我们精心编写了这套《走遍世界很简单》系列丛书，里面蕴含了世界各国丰富的自然、地理、历史以及人文等知识，充满了趣味性和可读性，力求让小读者掌握全面、准确的知识。

本系列丛书人物对话生动有趣，文字浅显易懂，并配有精美的插图，是一套能开拓孩子视野、帮助孩子增长知识的丛书。现在，就让我们打开这套丛书，开始奇特的环球旅行吧！

路易斯大叔

美国人，是位不折不扣的旅行家、探险家和地理学家，足迹遍布全世界。

多多

10岁的美国男孩，聪明、活泼好动、古灵精怪，对一切事物都充满好奇。

米娜

10岁的中国女孩，爸爸是美国人，妈妈是中国人，从小生活在中国，文静可爱，梦想多多。

目 录

引言 / 1

第1章　一场奇特的比赛 / 6

第2章　蔬菜竟比海鲜贵 / 17

第3章　过了一把足球瘾 / 28

第4章　邂逅克罗斯河大猩猩 / 36

第5章　最后一片神圣的树林 / 44

第6章　走近古老的文明 / 52

第7章　神奇的古拉拉瀑布 / 60

第8章　难忘的烧烤之夜 / 67

目 录

第9章　　在拉普部落做客 / 77

第10章　　可怕的蚊子 / 84

第11章　　参加有趣的"少女节" / 93

第12章　　遭遇食人鱼 / 104

第13章　　古今文明交汇的卡诺城 / 112

引 言

  一转眼,距离上次旅行已经半年多了。虽然现在是假期,但多多和米娜每天仍旧要到学校里去补习落下的课程,路易斯大叔在家整理游记,准备将这些年来写过的游记汇编成书。

  跑了那么多地方,写了那么多游记,可是现在重新去审视,路易斯大叔感觉非常不满意,因为行程匆忙,很多游记写得异常简单,只是写了自己的见闻，而对那些景点的历史背景、特色内涵等通常只是一笔带过。而且很多游记中只有景点，没有自己的思想，叫"旅游指南"还行，称作"游记"很不合格。为了让读者满意，也不让自己留下遗憾，路易斯大叔查找了很多资料，将大部分游记进行了改写。

多多和米娜的梦想就是走在路上，随路易斯大叔环游整个世界。各处美丽的景色、独特的建筑、有趣的风俗、奇特的语言……无不让他们着迷，让他们喜欢探险的天性得到了极大的满足。现在每天待在家里，然后到学校学习，两点一线的生活令他们郁闷至极。他们经常做梦梦到又背上行囊，与路易斯大叔一起踏上旅途，开始神秘莫测、精彩绝伦的旅行。因此，每天一放学，两个小家伙就来到路易斯大叔的家里，打听他写作的进程。

这天，他们又来到路易斯大叔的家，看到他没有坐在电脑前快速地敲击键盘，也不在书橱前翻阅资料，而是站在世界地图前仰着头看什么。

多多习惯地问："路易斯大叔，您的游记整理好了吗？"

路易斯大叔好似没有听到，仍背对着他们。

多多对米娜眨眨眼，两个人放轻脚步，悄悄走到路易斯大叔的身后，同时伸出手，猛地一拍他的后背。路易斯大叔吓了一跳，一下子转过身来。多多和米娜得意地哈哈大笑。

路易斯大叔见是他们，责怪道："你们这两个小家伙，每天都要来捣乱！"

"不就是盼望您早点儿完成书稿，能带我们出去旅行嘛。"米娜委屈地说。

"哈哈，告诉你们一个好消息，我的书稿完成了，已经交给出版社喽！"路易斯大叔兴奋地说。

"我们又能去旅行啦！"米娜和多多高兴地抱到一起，跳着、叫着、笑着。

"不过，"路易斯大叔严肃起来，"通过这次整理游记，我发现我犯了一个严重的错误。"

多多和米娜安静了下来，问道："怎么了？"

"非洲我们已经去过了，但我们却忽略了一个重要的国家。它是非洲人口最多的国家。近几年来，它的经济发展速度也很快，被人们称为'翱翔在非洲的雄鹰'……"

"哦，我知道了，您说的是尼日利亚吧？前几天地理老师给我们讲了它的一些情况。"米娜打断了路易斯大叔的话，抢着说。

路易斯大叔点点头："非洲是人类的诞生地之一。可是如果没去过尼日利亚，对非洲的全貌就谈不上了解。作为一个旅行家、探险家和地理学家，我会很自责的。"

"那我们就去呗，我都等不及了。"多多提议道。

"好的，"路易斯大叔说，"你们回去找老师请好假，把该准备的准备一下。我简单了解一下尼日利亚，三天后，我们一早就动身。"

多多和米娜听后就兴冲冲地离开了路易斯大叔家。

第1章

一场奇特的比赛

飞机终于缓缓降落在尼日利亚首都阿布贾的机场,多多、米娜与路易斯大叔一起走下飞机,迎面而来的是暖洋洋的晚风。机场上人们神态安详,那些黝黑的面孔透露着友善。机场旁边造型奇特的建筑闪烁着各色迷离的光,让路易斯大叔三人目不暇接,对他们而言,这个被称为"非洲雄鹰"的国家,一切都充满着神秘的色彩。

路易斯大叔带着多多和米娜去早就预定好的宾馆。在路上,路易斯大叔告诉他们:"阿布贾是座新建的城市,1991年成为尼日利亚的新首都(原来的首都为拉各斯)。它整个市区的建筑呈新月形,是由

日本著名建筑师丹下健三设计的。"

到宾馆，稍作休息后，他们便开始了晚餐。餐桌上，路易斯大叔说："自古以来，人类都喜欢观赏动物与动物，甚至是动物与人相斗，从中得到乐趣。你们知道有哪些相关的比赛项目吗？"

米娜说："我知道中国有很多这样的比赛，如斗鸡、斗蟋蟀等，但是没有亲眼见到过。"

"前不久，我看了一部科教片，是讲述西班牙斗牛运动的，这项运动全世界的人们都了解。然而目前很多动物保护者却对此持有异议，认为很残忍，但是它是西班牙一项古老的传统运动，很多人喜欢它，所以保留至今。人们到西班牙游玩，肯定要看看斗牛表演的。"多多已经吃好了，他一边嚼着水果，一边说。

路易斯大叔含笑听完他们的话，点了点头，说："你们真是知识丰富的孩子，哈哈。不过，明天我们要看的一项比赛，相信你们都没有听说过，更不用说看过了。"

路易斯大叔的话让米娜和多多对第二天的行程充满了期待，他们在期盼中进入了梦乡。

第二天，艳阳高照，阳光从椰子树树叶的缝隙间洒落到房间里，照

到多多的眼睛上,他一骨碌爬起来,跑进路易斯大叔的房间。路易斯大叔早已起床了,正在查阅资料。看到多多进来,还没等他开口,路易斯大叔就对他说:"不急的,比赛要下午才进行呢。"

　　早餐后,三个人乘坐汽车驶向比赛地点——位于郊区的诺日亚牧场。辽阔的草原一望无垠,远远地就能看到前面有一棵巨大的像啤酒桶一样的树。

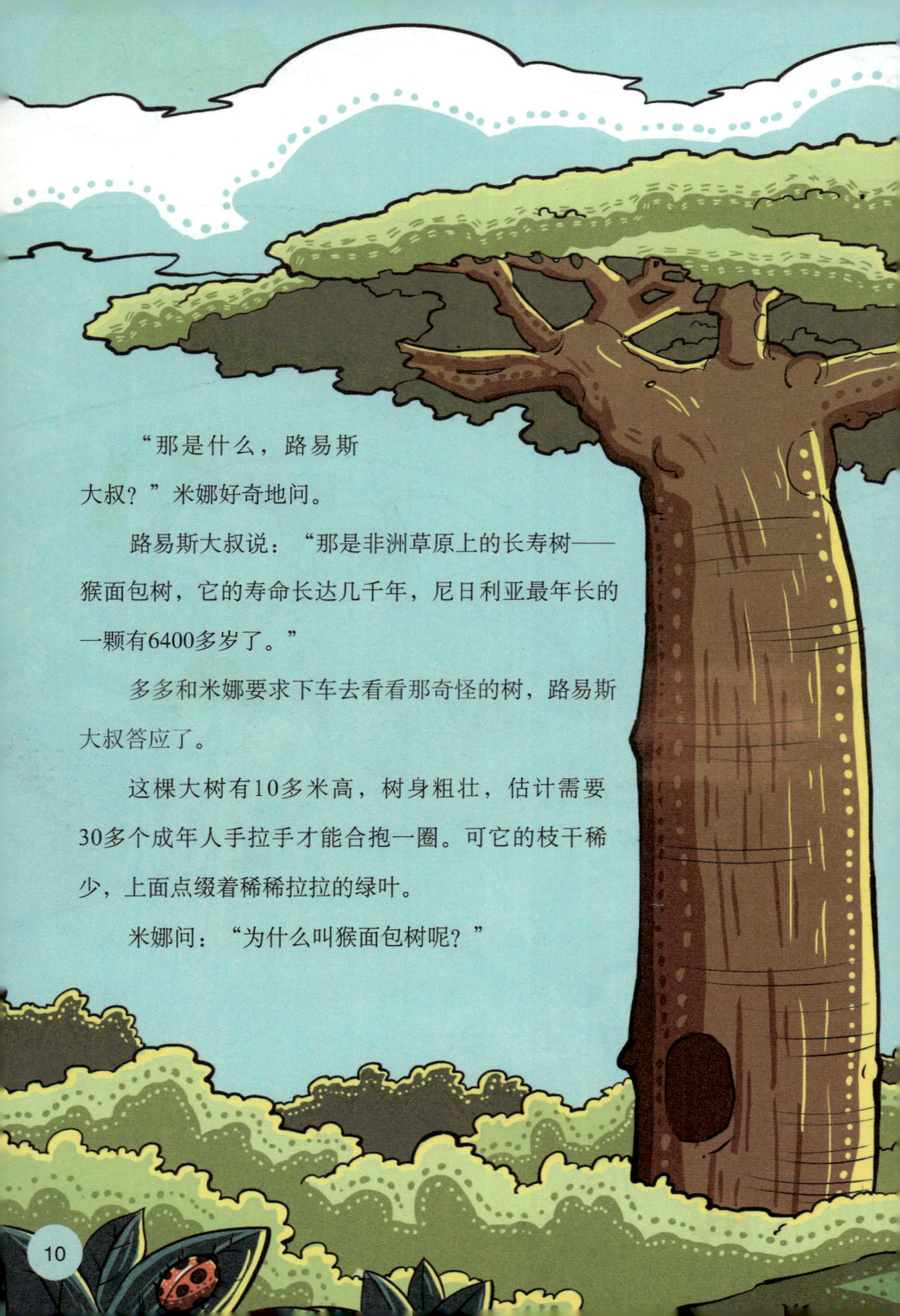

"那是什么,路易斯大叔?"米娜好奇地问。

路易斯大叔说:"那是非洲草原上的长寿树——猴面包树,它的寿命长达几千年,尼日利亚最年长的一颗有6400多岁了。"

多多和米娜要求下车去看看那奇怪的树,路易斯大叔答应了。

这棵大树有10多米高,树身粗壮,估计需要30多个成年人手拉手才能合抱一圈。可它的枝干稀少,上面点缀着稀稀拉拉的绿叶。

米娜问:"为什么叫猴面包树呢?"

"现在是旱季了，它为了减少水分蒸发，原先茂盛的树叶凋零了。可每逢雨季，它会长出繁茂的枝叶，盛开硕大的白色花朵，并结出椭圆形的长长的果实，那果肉汁多味甜，猴子、猩猩无比喜欢，猴面包树的名字就是这么得来的。此外，它还是水的存储罐，在雨季里它利用自身松软的木质，在树干中努力地贮存雨水，当动物和人干渴难耐却没有水喝时，只要找到它，就能从它的树干上汲取到水了。"路易斯大叔耐心地告诉米娜。

看完后，路易斯大叔和米娜准备上车，却发现多多不见了。路易斯大叔着急地大声呼喊，听到多多瓮声瓮气的回答。

原来多多在他们说话时，看到猴面包树的枝干上有一个大洞，便探头去看，发现树身是空的，于是便钻了进去。那里的空气清爽，他舍不得出来了。

路易斯大叔和米娜也钻进树干里，三个人在

里面，树洞都还剩有很大的空间。路易斯大叔告诉孩子们："猴面包树的木质轻软，附近的居民会把树干掏空，进去居住，也有的居民将树洞作为牲畜栏或储藏室。令人感到奇怪的是，在树洞里面储存食物，竟会很长时间不腐烂、变质。

米娜和多多听了倍感惊奇，他们用小手轻抚树身，久久不愿离去，直到路易斯大叔催促，他们才登上了汽车。

来到目的地，这里已经是人山人海了。不仅有当地的居民，还有很多来自世界各地的游客。赛场外的海报上，画着一只只矫健的公羊。米娜大声说："我知道是什么比赛了，是斗羊吧？"

"真是个机灵鬼！"路易斯大叔微笑着说，"正是斗羊比赛。尼日利亚的斗羊赛至少有千年的历史了。公羊生性爱斗，它们争斗时勇敢机智，这项运动深受人们喜爱。每年，尼日利亚除了举办全国性的斗羊赛，在各州甚至各个村子也会举办比赛，每次比赛都会吸引大批观众。今天的这场比赛就是一场阿布贾地方上的比赛，获胜的公羊将代表阿布贾参加全国的比赛。"

他们走进赛场，这是一座圆形的土场，观众们围坐在赛场周围。比赛马上就要开始了，两头差不多大小的公羊被主人拉着，相互对峙着。几名身穿T恤的人正在登记着什么，米娜问："那些人是裁判吗？"

路易斯大叔说："他们既是裁判，又是公羊的保护者。他们都是斗羊协会的，负责监督比赛，防止公羊们受伤。当有一方处于明显的劣势时，可终止比赛。所以，这项活动并不

血腥，不像斗牛或者斗鸡那样，非要分个你死我活。"

比赛开始，随着一声令下，两只公羊冲了出去，它们的犄角碰撞到一起，发出强烈的撞击声。赛场上不时响起观众们的呐喊声、鼓掌声。经过多个回合相互碰撞，两只羊的斗争仍旧不分胜负。

多多问路易斯大叔："分不出胜负怎么办呢？"

路易斯大叔说："你接着看啊。"

25个回合后，经过商议，工作人员用手势提示观众，要加赛15个回合。两只公羊休息片刻后，又向对方撞击过去。在第37个回合，一只羊被对手顶到了脖子，逃出了赛场。裁判宣布，获胜的是那只留在场地的公羊。观众们对获胜的公羊及它的主人报以热烈的掌声。羊的主人骄傲地走上前去领奖，奖品是一台冰箱，这在尼日利亚算是非常丰厚的奖品了。

路易斯大叔告诉两个孩子，像其他许多的比赛一样，并不是随便一只羊都可以完成斗羊比赛的。参加比赛的羊必须经过严格训练，并给它们吃大豆和香蕉等美食，有的主人为了让羊更擅长争斗，还给它们播放音乐。主人们付出了很多精力和代价，获得丰厚的奖品是理所当然的。

刚刚结束的只是一场最轻量级比赛，接着又进行了轻量级、中量级、次重量级和重量级的比赛，每一场都扣人心弦。

在返回宾馆的路上，米娜和多多还沉浸在比赛的回忆中，心绪难以平静。

尼日利亚联邦共和国

  尼日利亚联邦共和国地处西非东南部，几内亚湾西岸的顶点，东和东南面与喀麦隆毗连，东北面隔乍得湖与乍得接壤，北面是尼日尔，西面为贝宁，南濒大西洋几内亚湾。尼日利亚资源丰富，拥有丰富的矿藏、辽阔的森林，北部为高原，南部主要是尼日尔河下游冲积平原，东南边境多山，沿海多沙洲、沼泽和潟湖。近年来，金融、法律、通讯和交通行业步入正轨，发展良好。现有人口约1.8亿多，有250多个民族，是非洲第一人口大国，同时，也是非洲第一大经济体。1970年后，这个国家最主要的经济来源是石油出口，给国家带来了巨大的财富，使国民生活水平很快提升至中等国家水平。

第2章
蔬菜竟比海鲜贵

回到宾馆，多多和米娜都想着第二天去养羊的人家看看。路易斯大叔原先没有安排这一行程，见他们要求恳切，就说："做任何事都要有计划，明天要去尼日利亚原首都拉各斯，那里也有很多养羊的人家，到时我们可以顺便参观一下。"

第二天，他们按计划前往拉各斯，虽然只有500千米的路程，但也坐了一整天的长途汽车。到了拉各斯，路易斯大叔没有忘记自己的诺言，立刻联系参观养羊的事。但是，

路易斯大叔也不知道什么地方有养羊的人家，打听了半天，也没问明白。幸运的是，他们在一家餐馆中认识了一个当地人，名叫鲁比。鲁比非常热情，听说他们要去参观养羊的人家，便自告奋勇地说要当他们的向导。路易斯大叔当然是求之不得了，多多和米娜兴奋得跳了起来。

简单收拾后，他们一行四人出发了。鲁比开车，说到拉各斯郊区一个豪萨人的部落去看看，那里有很多人家养羊。

多多好奇地问："部落是原始社会的社会构成部分，现在尼日利亚怎么还有部落呢？"

路易斯大叔说："尼日利亚是一个非常古老的国家，人口众多、拥有悠久的历史和灿烂的民族文化。8世纪的时候，游牧部落在乍得湖附近建立了卡奈姆-博尔努帝国。从1914年开始，这里沦为英国的殖民地，被叫作'尼日利亚殖民地和保护国'。这里的经济非常落后，人民生活十分贫困。尼日利亚人民经过长期的不懈斗争，于1960年10月1日赢得了民族独立。部落就是在这种历史情况下遗留下来的产物，部落里还有酋长呢！"

听说还有酋长，米娜也兴奋起来，她缠着鲁比要看酋长。鲁比

说:"好的,要去的这个部落,酋长的儿子穆托是我的朋友。到时候,请他带我们去拜访他的父亲吧。"

鲁比开着车一路飞驰,身旁的村庄和树木飞快地从他们眼前掠过。远处大海澄澈,天空瓦蓝,白云朵朵,多多吹着口哨,米娜唱着歌,他们的心情都好极了。

鲁比忽然说:"马上要到部落了,你们准备好了吗?"

多多、米娜一脸茫然,问:"到那里还要准备?准

备什么啊?"

"部落有自己的礼仪,大家见到客人就要向客人脸上吐口水的。"鲁比一脸坏笑着说。

米娜惊叫起来,说:"那多恶心啊,我不去了,我们掉头吧。"

路易斯大叔被逗笑了,说:"鲁比骗你们呢,部落是有礼仪,但没有吐口水这样的礼节。居住在那里的大部分都是豪萨人,他们遇到亲密的朋友时,表示亲热的方式非常独特,既不握手,也不拥抱,而是用自己的左手有力地拍打对

方的右手；如果是晚辈见到长辈，则要问安行礼，行礼的姿势是双膝稍微弯曲一下，再向前躬身。"

鲁比听了，伸出大拇指，夸赞路易斯大叔博学多才，并接着说："除了要注意这些，对于你们这些外国人来说，最需留意的是在交谈中不要紧紧地盯着对方看，这在尼日利亚是无理、不尊重人的表现。此外，如果要给别人递食物或物品，千万不要用左手，必须用右手，不然就是对别人的侮辱和挑衅。"

多多和米娜听了，皱起了眉头，他们没想到这儿还有这么多的条条框框，有点儿后悔到部落来了。

车停在一个村子前，十几个黑人小朋友在做游戏，那游戏好像中国孩子喜欢玩的跳房子游戏。鲁比说他们都是酋长的孩子。多多睁大

了眼睛，路易斯大叔告诉他，尼日利亚实行一夫多妻制，这么多孩子很常见。

　　鲁比领着他们来到酋长家。一个瘦高的青年前来欢迎，他就是酋长的儿子穆托，他说他父亲到城里办事去了，不在家。

　　鲁比说："幸亏不在家，不然你们麻烦会更大的。酋长接见你们，你们要先脱下鞋子，慢慢走到酋长跟前，然后跪下，施礼请安，在酋长允许站起来后，才能起身。"听了鲁比的话，多多和米娜不禁松了口气。

　　穆托领着他们参观了几户养羊的人家，每户人家都养了很多羊，但能参加斗羊赛的羊就只有一两

只。穆托告诉他们，每只斗羊像职业运动员一样，斗羊协会给它们都编了号。这些羊每天除了像其他羊一样被放牧外，还吃主人精心准备的饲料，有大豆、香蕉等富含淀粉及维生素的食物，所以它们才那样强壮威武。

很快到了中午，多多感觉肚子饿了，他嚷着要吃午饭。穆托说："那我请你们吃海鲜吧。"

鲁比驾车将大家带到附近镇上的一家饭店，这家饭店主要经营海鲜，穆托点了满满一桌子的海鲜，有螃蟹、龙虾和黄花鱼。海鲜味道鲜美，米娜和多多大快朵颐，很快就吃饱了。

米娜感激地对穆托说："您太客气了，请我们吃这么多美味的海鲜，真让您破费了！"

鲁比诡异地笑着说："不要紧的，我记得中国有句俗语'四海之内皆兄弟',我们都是朋友嘛。中国还有一句话,是'来而不往非礼也',如果你感觉不好意思,晚餐可以请我们吃蔬菜的。"

米娜说:"好呀,晚上请你们吃蔬菜。可是,这也显得我们太寒酸了啊!"

穆托和鲁比连声说:"没关系,没关系,我们就喜欢吃蔬菜。"

路易斯大叔笑着听完他们的对话,对米娜说:"傻孩子,你中了他们的圈套了。"

米娜一脸疑惑地看着路易斯大叔。

"尼日利亚南部面对大海,有很多著名的海港,盛产海鲜,所以这里的海鲜非常便宜。黄花鱼一斤才卖60奈拉,折算成人民币也就2

元多。而这儿的蔬菜价格昂贵，超过了肉类，因为到了旱季，一吨水需要50元人民币，人们舍不得购买这样昂贵的水来浇菜，只好从遥远的北方订购，长途运费使常见的蔬菜也要卖到七八元人民币一斤。"

　　事实真的是那样，中午一大桌海鲜，穆托只花了800多奈拉，

也就是30多元人民币。

晚餐时，米娜请大家到一家中国餐厅吃蔬菜，穆托和鲁比狼吞虎咽，一盘盘菠菜、白菜被他们飞快地吞咽到了肚子里。他们吃好了，用手摸着肚子，说："好久没有这么痛快地吃过蔬菜了，谢谢你啊，米娜！"

米娜去结账，一看账单居然是4000多奈拉，她哭丧着脸说："下次一定弄清情况后再承诺了。"

路易斯大叔朗声笑了，说："现在知道什么叫'知识就是财富'了吧！"

部落与酋长

　　部落通常是指原始社会的集体，这个集体中的成员血缘相近。部落大多是原始社会末期形成的，那时候人们使用的是打制石器，所以也叫旧石器时代。这个时期，人们的生活水平与以前相比有很大提高。部落一般有其明确的地域、方言、称号以及习俗和宗教信仰。

　　酋长就是部落的首领。酋长的选择是有一定制度的，这种制度是从以前的氏族社会流传下来的。如今，很多地方仍盛行着酋长制度，如撒哈拉沙漠以南的非洲地区。多年来，酋长制度在非洲是一项非常重要的制度，无论是在政治方面还是在社会生活方面，都发挥着举足轻重的作用，即使是现在，也不容忽视。

第3章
过了一把足球瘾

第二天一大早，多多和米娜就来到路易斯大叔的房间，询问当天的行程。

路易斯大叔正在看电视上的足球赛，多多立刻被吸引了，忘记了来的目的，聚精会神地看了起来。米娜开口了："路易斯大叔，今天还去吃海鲜吗？"

路易斯大叔没有回答，却问了一个问题："你们知道足球为什么是圆的吗？"

多多哈哈大笑说："足球不是圆的，难道还能是方的？足球是圆的，这样阻力小，踢起来省力，射程远，运动方式有规律，人踢球的动作才容易掌握啊。"

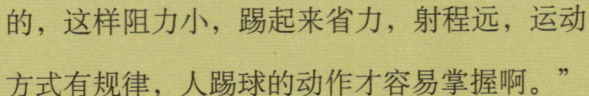

"嗯，多多说得很有道理，足球、篮球等球类都是圆的，这是经受了时间考验的，事实说明，球类必须要是圆的。"米娜说。

路易斯大叔说:"其实足球是圆的,与足球的起源也有关系。足球起源于中国,汉唐时的蹴鞠是足球最早的雏形,它就是圆的。现代足球起源地是英国,据传它的发明过程非常血腥,12世纪,英国与丹麦卷入了一场战争,一次战斗结束,英国士兵看到地上有丹麦人的头颅,为了解恨,就当球踢了起来……"

米娜听了,不禁皱起了眉头。

路易斯大叔见状,转移了话题:"尼日利亚被称为'非洲雄鹰',除了它的历史悠久、地大物博,近年来经济发展速度快之外,还与足球有关呢。"

"对,对,尼日利亚的足球很厉害的,尼日利亚国家队获得过1996年奥运会的冠军,1994年在世界杯上还进入过16强,多次获得非洲杯冠军。"多多说得头头是道。

"那今天我们就去看场足球赛怎么样?"路易斯大叔是个不折不扣的球迷,见多多这样喜欢足球,喜笑颜开。

米娜不高兴了,噘起了小嘴:"看足球行,可是要补偿我一顿海鲜。"

路易斯大叔同意了。他打电话问了拉各斯的体育官员,得知今天晚上拉各斯有一场国际足球友谊赛。他决定先带两个孩子一起到乡下去感受一下足球气氛。

刚刚出城,经过一个村落时,从路边冲出了一群孩子,他们见车内坐的是外国人,发出友好的欢呼。多多下车问一个孩子哪里有足球赛,那孩子指着不远处的一片热带丛林,透过芭蕉绿荫,可以看到一

片开阔地，闪现着孩子们踢球的身影。

多多重新上车，向那片空地驶去。那群孩子撒开双腿跟在车后飞奔，当多多他们到达时，那群孩子也赶到了。米娜感叹孩子们的速度，路易斯大叔说："他们有过硬的身体天赋，是上天赐予的最好的礼物，怎么能踢不好足球呢？"

那里果真是孩子们天然的足球场，面积不大，600多平方米。场上一伙孩子正在踢球，那足球外面的皮已经裂开了，孩子们大多赤着膀光着脚，两边各堆放着衣服。

孩子们看到他们后，决定让路易斯大叔这个唯一的大人当他们的裁判，然后重新比赛。路易斯大叔欣然接受了。

比赛重新开始，没多久，一方的队员突然起脚远射，球的速度极

快，划着漂亮的弧线，越过守门员的手掌，穿过球门。得分的一方欢呼雀跃，庆祝得分。另一方的球员垂头丧气，走下场地。原来失败的一方，是要被淘汰出场的。

刚来的孩子们被替换上场，多多请路易斯大叔帮他说情后，也加入了比赛的队伍，他兴奋得小脸通红。

多多在黑人孩子们中间，显得笨手笨脚，那些孩子灵活地传球、突破，他根本碰不到足球。忽然，对方踢了一个高球，球向多多飞去，他来不及躲闪，被球重重地砸到头上，摔倒在地上。

路易斯大叔和米娜同时奔过去，查看多多的伤情，幸好没有什么大碍。多多非常尴尬，拍打着身上的泥土，说："好长时间没有踢球了，一点球感都没有，我不踢了。"

米娜哈哈笑着说:"不行就不行呗,你还找理由。"多多羞得满脸通红。

他们告别了那些孩子,坐车返回。在车上,路易斯大叔说:"在尼日利亚,有很多的男孩子喜欢踢足球,学校、家长和社会都很重视足球教育。此外,如果踢足球的水平很高的话,还可以挣很多钱,是一项高收入的运动啊。很多人为了摆脱穷苦,会专门去学校或者俱乐部学习踢球。所以这里踢球的人非常多。"

米娜说："虽然我不踢球，可我也查看过一些资料。资料上说，尼日利亚有天赋的足球运动员层出不穷，他们的后备人才培养计划健全，这让他们的国家队有良好的循环，所以每次比赛都能取得良好的成绩。"

多多这时也插话道："怪不得，在'英超'、'德甲'等顶级足球联赛上，经常可以看到尼日利亚籍球员的身影。"

"对，几大顶级联赛中，尼日利亚籍球员共有100多名呢。"路易斯大叔说道。

返回到拉各斯时，已是傍晚，路易斯大叔让米娜如愿以偿地吃到了海鲜。随后他们来到了拉各斯的阿帕帕体育场，那高大的环形建筑

灯火通明，一场国际比赛即将举行。今晚尼日利亚国家队和喀麦隆国家队要进行一场友谊赛。路易斯大叔去买票，球票便宜得惊人，一张票只要250奈拉，相当于十几元人民币。

路易斯大叔拿着球票边进球场边说："我知道尼日利亚的球票价格很低，他们各州几乎每天都举行不同层次的足球赛，大多免费观看。像这样高水准的顶级国际球赛，票价这么便宜，我倒是没有想到。"

这是一场扣人心弦的比赛，双方踢得非常流畅、好看，精彩的场面不时出现，观众们看得如醉如痴，他们为双方球员喝彩，还制造着"墨西哥人浪"，连不爱看球的米娜也被震撼了。

第4章

邂逅克罗斯河大猩猩

拉各斯周边有很多热带雨林，多多建议路易斯大叔去雨林探险，米娜对此也很感兴趣，竭力劝说。路易斯大叔同意了他们的建议。

这天一早，路易斯大叔一行三人背起行囊兴致勃勃地出发了。先是乘车，不到一个小时，一片葱郁就跃入了眼帘。前方已经没有公路了，他们跳下汽车，徒步向那片森林走去。很快，他们就来到了森林边上。这是一片辽阔的森林，为了争夺空间和阳光，植物长得又高又绿又稠密。

他们走入森林，一棵参天大树引起米娜的注意，那棵大树树叶像宽大的蒲扇，枝干呈黑褐色，上面布满了条条气根。

路易斯大叔说："这是热带雨林常见的一种树，名字叫榕树。"

多多发现榕树底下有一种低矮的植物，羽状的叶脉呈龟甲形散布着许多椭圆形的孔洞和深裂，形状就像乌龟的背一样，它的茎上有竹子一样的节，节的中

间伸出一条条电线一样的长须，攀爬在榕树的树干上。

"这是龟背竹，一种藤本植物。在热带雨林里，植物为了生存，除了要努力往高长，它们之间还要竞争。寄生植物和藤本植物的绝招就是依附在大树的树干上，靠吸取树干的养分来生长，它们甚至会吸干大树的养分，导致大树死亡。而大树的本领呢，就是努力地向上长，长出高大的树冠和浓密的枝叶，遮天蔽日，阻

挡住阳光，树下面那些矮小的植物就会因吸收不到阳光而死去。"路易斯大叔指着那低矮的植物说。

"'物竞天择，适者生存。'看来大自然处处体现着这个规则呢。"米娜若有所思地说。

鸟儿叽叽喳喳，好像在抗议他们闯入了自己的领地。他们继续向森林深处走去，前方一株大树的树干上，缠绕着一条如蟒蛇般圆圆的树根。

米娜好奇地问是怎么回事，路易斯大叔告诉她："那是板根，有了它的支撑，大树即使根基不深，也会长到几十米，巍然挺立，不会在风雨中倒下。板根现象在热带雨林到处都有，几乎所有体型巨大的植物，都有着缠绕的板根。"

森林里弥漫着花香和成熟果子甘甜的气

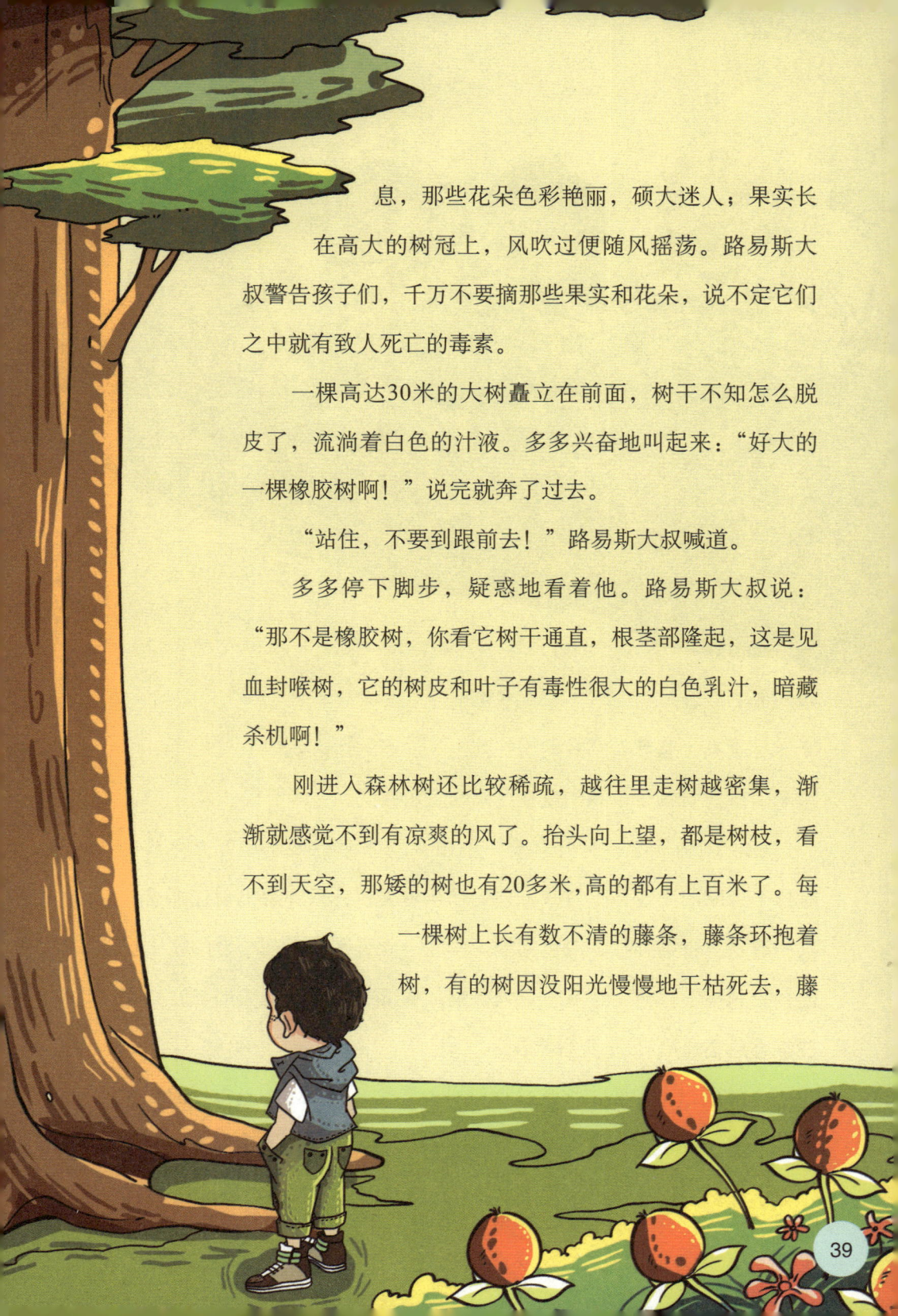

息，那些花朵色彩艳丽，硕大迷人；果实长在高大的树冠上，风吹过便随风摇荡。路易斯大叔警告孩子们，千万不要摘那些果实和花朵，说不定它们之中就有致人死亡的毒素。

一棵高达30米的大树矗立在前面，树干不知怎么脱皮了，流淌着白色的汁液。多多兴奋地叫起来："好大的一棵橡胶树啊！"说完就奔了过去。

"站住，不要到跟前去！"路易斯大叔喊道。

多多停下脚步，疑惑地看着他。路易斯大叔说："那不是橡胶树，你看它树干通直，根茎部隆起，这是见血封喉树，它的树皮和叶子有毒性很大的白色乳汁，暗藏杀机啊！"

刚进入森林树还比较稀疏，越往里走树越密集，渐渐就感觉不到有凉爽的风了。抬头向上望，都是树枝，看不到天空，那矮的树也有20多米，高的都有上百米了。每一棵树上长有数不清的藤条，藤条环抱着树，有的树因没阳光慢慢地干枯死去，藤

条却依然活着。

路易斯大叔说:"我们不往前走了,不然迷路就糟了。"

"我感觉饿了,我们就在这里吃点东西吧。"米娜说。

他们席地而坐,打开背囊,取出食物津津有味地吃着。突然,有树干折断的声音传了过来,他们循声看去,几只猩猩出现在那里。其中有一只特别强壮,毛色乌黑,爬在一棵香蕉树上,将嫩的枝干折断,扔到树下。树下还有一只大猩猩,头部的毛是红褐色的,它将那些嫩香蕉茎递给3只小猩猩吃。

米娜发出了尖叫,那几只猩猩扭头看到了他们。那只强壮的猩猩跳下了树,双手捶打胸部,大声咆哮,只见几只猩猩迅速钻入密林里不见了踪影。那只强壮的大猩猩随后也转身消失在森林里。

看着两个吓得面色苍白的孩子，路易斯大叔激动地说："孩子们，你们知道刚才看到的是什么吗？那是大猩猩中濒危的一个亚种——克罗斯河大猩猩啊！"

路易斯大叔接着说："它们是在1904年被发现的，目前只在尼日利亚与喀麦隆边界的森林中发现过，距西非低地大猩猩的分布地的最近距离至少有250千米。因为滥砍滥伐，它们的栖息地在逐渐减少，人们还将它们作为餐桌上的美味，大肆捕杀，目前仅仅残存150~200只了，分散在五个地带生活。"

两个孩子从惊吓中回过神来，他们十分同情克罗斯河大猩猩的遭遇，多多发出感叹："人类真是太贪婪了，如果再不保护它们，它们很快就会从地球上消失了。"

"是啊，全世界每天有75个物种灭绝，每小时有3个物种灭绝。如果人类再这样破坏大自然的和谐，等待我们的将是人类的灭绝了。"路易斯大叔痛苦地说。

雨林的风景美丽迷人，可在邂逅了克罗斯河大猩猩后，三个人的心情都很阴郁。

热带雨林

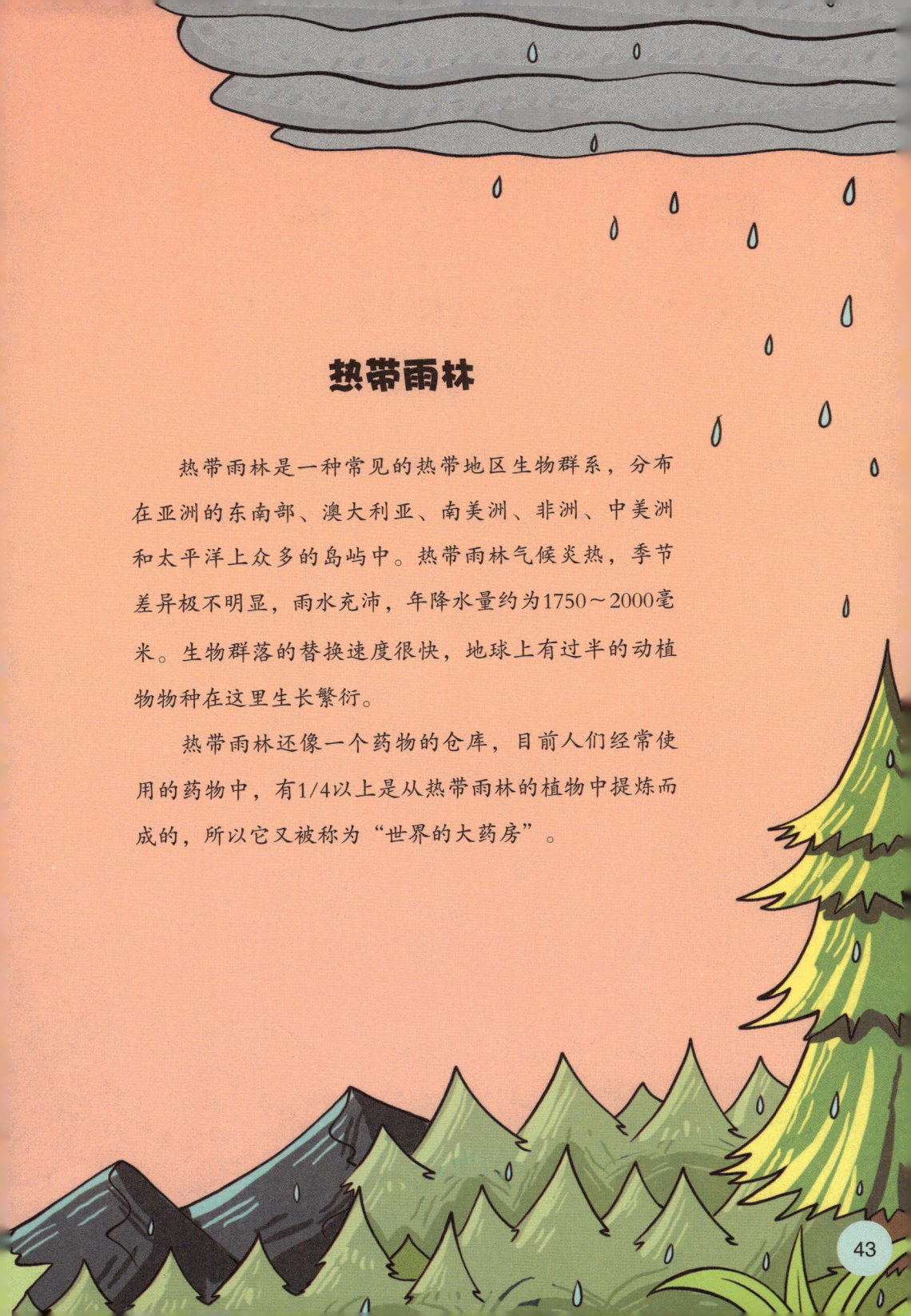

热带雨林是一种常见的热带地区生物群系，分布在亚洲的东南部、澳大利亚、南美洲、非洲、中美洲和太平洋上众多的岛屿中。热带雨林气候炎热，季节差异极不明显，雨水充沛，年降水量约为1750~2000毫米。生物群落的替换速度很快，地球上有过半的动植物物种在这里生长繁衍。

热带雨林还像一个药物的仓库，目前人们经常使用的药物中，有1/4以上是从热带雨林的植物中提炼而成的，所以它又被称为"世界的大药房"。

第5章

最后一片神圣的树林

晚上，路易斯大叔、米娜和多多在看电视，电视节目介绍的是《世界遗产名录》中的越南会安古镇，那里悠久的文化气息让他们着迷。

看着节目，路易斯大叔忽然说："尼日利亚也有一处入选《世界遗产名录》，明天我们就到那里游览一下。"米娜和多多听了非常兴奋。

第二天，他们从拉各斯乘坐一辆汽车，前往奥孙州的首府奥绍博市。3个小时后，他们来到奥绍博市的郊外，这里到处是茂密的原始森林，各种热带植物蓬勃生长。

路易斯大叔说："我们要游赏的奥孙神树林就在这里。"

"神树林？树林中生长着一种叫神树的树木吗？"多多听后问道。

"不是，神树林其实就是一片原始森林，

里面主要生长着乔木树种，称它为'神树林'是因为那里的树木上雕刻着许多神像、神祠等艺术品。它是尼日利亚的约鲁巴人建立的，生动地反映了约鲁巴人对于神祇和大自然的看法及态度。"

多多和米娜从路易斯大叔的话中明白了神树林的真正涵义。

不久，他们看到一条小河，小河蜿蜒着流进一片葱郁的树林。

"小河流进的树林就是奥孙神树林，我们就沿着小河走，那些神祠、雕塑品和艺术作品主要就散落在小河的边上。"路易斯大叔说。

森林里草木茂盛，树阴蔽日，他们一进去就感觉到无比凉爽。

忽然，一座像窝棚般的建筑出现在路易斯大叔一行三人眼前，他们走近细看，那并不是窝棚，而是由无数木头搭建的一座雕塑。整个雕塑呈三角形，最高处还雕刻了尖尖的顶，好似一条仰天长啸的剑龙。

雕塑的里面插着许多木头，米娜走进去，忽然惊叫起来。

路易斯大叔和多多赶紧跑过去，原来每根木头上都雕刻着人的图案，有的是每隔一截就雕一个人像，那些人像姿态各异，有怒目圆睁的，有额首微笑的，有惊恐不安的……有的整根木头只雕刻着一个人像，人像因势造型，木头上的树枝被雕刻成伸向空中的手臂；有的木头上还雕刻着说不出名字来的珍禽异兽。

"路易斯大叔，这些雕像是什么啊？"米娜问。

"雕像都是神。约鲁巴人的神系里有万种不同的神,他们分管着世间的事务。如奥孙女神就是万神之一,她是生育女神。"

"那奥孙女神是哪一个呢?"多多指着那些神像问路易斯大叔。

"奥孙女神有自己的神庙,我们向前走就会看到的。"

他们继续游览,一棵倒塌的树拦住了他们的去路。那树好像是被雷击的,枝干折断了搭在地上。可在树身上和折断的枝干上,有许多浮雕,浮雕都是神像,有的长发飞扬,似在风中狂奔;有的手拿弓箭,像在狩猎;还有的静坐无言,如在祈祷……

路易斯大叔赞叹道:"古代的约鲁巴人真聪慧啊,他们亲近自然,依赖自然,总是利用大自然中一切可利用的东西来为自己服务!"

在一片河滩上,裸露着巨大的岩石,三个人走累了，想坐到岩石上休息一会儿。

他们走过去刚要坐下，却发现那岩石上雕刻着数不清的神像：有身材凹凸有致的女性，有长髯飘飘的老者，有童稚未泯的孩童……它们有的在翩翩起舞，有的伸开四肢恬然入睡，还有的在亲昵地聊着天……诸神好像在此集会。

路易斯大叔说："这是奥孙神树林里最大的一处石像神祠，这里有300多尊神像。神树林里的神像不仅仅雕刻在树木上，也有很多像这样雕刻在石头上。"

米娜听着路易斯大叔的介绍，抬头四望，她看到河心有一座小岛，岛上石头林立，那些石头都被雕刻成各种神像了。

一路上，各类神像让人目不暇接，古代约鲁巴人的勤劳和智慧也让大家赞不绝口。

在即将走出奥孙神树林时，多多看到一尊石像，那石像正襟危

坐，目视前方，丰润的脸颊上似乎浮现着慈祥的笑容。她怀中抱着一个孩子，那孩子伸开手臂好像在欢呼着。

多多问路易斯大叔："这大概就是奥孙女神了吧？"

路易斯大叔点点头："奥孙女神是生育之神，她喜爱孩子，这尊抱着孩子的奥孙女神雕像很好地说明了这个特点。"

走出森林，四周一片安静，只有鸟鸣在耳边响起。米娜这时突然想到，在游览的过程中，森林里一直都非常安静。她说："看来尼日利亚人对奥孙神树林并不热爱，都没看见他们本国的人在这里游玩呢。"

路易斯大叔说："你说的与事实恰恰相反。每年的8月份，在奥孙

神树林会举行隆重的奥孙节，不仅当地的约鲁巴人蜂拥而至，全国各地的人都会来此祈福。这也吸引了全世界记者的目光，去年我就在美国的报纸上看到过尼日利亚奥孙节的消息。"

路易斯大叔接着对两个小家伙说道："目前我们看到的神树林，是尼日利亚南部最后存留的原始森林了，它是约鲁巴人身份的象征，是约鲁巴文化中最后一片神圣的树林了。它既是尼日利亚的财富，也是全世界人民的财富，因此在2005年入选《世界遗产名录》。2010年莫桑比克发行了一套《世界遗产》邮票，奥孙神树林就被收入其中。"

米娜和多多回头看着奥孙神树林，心头升起了一股难以言表的敬意。

《世界遗产名录》

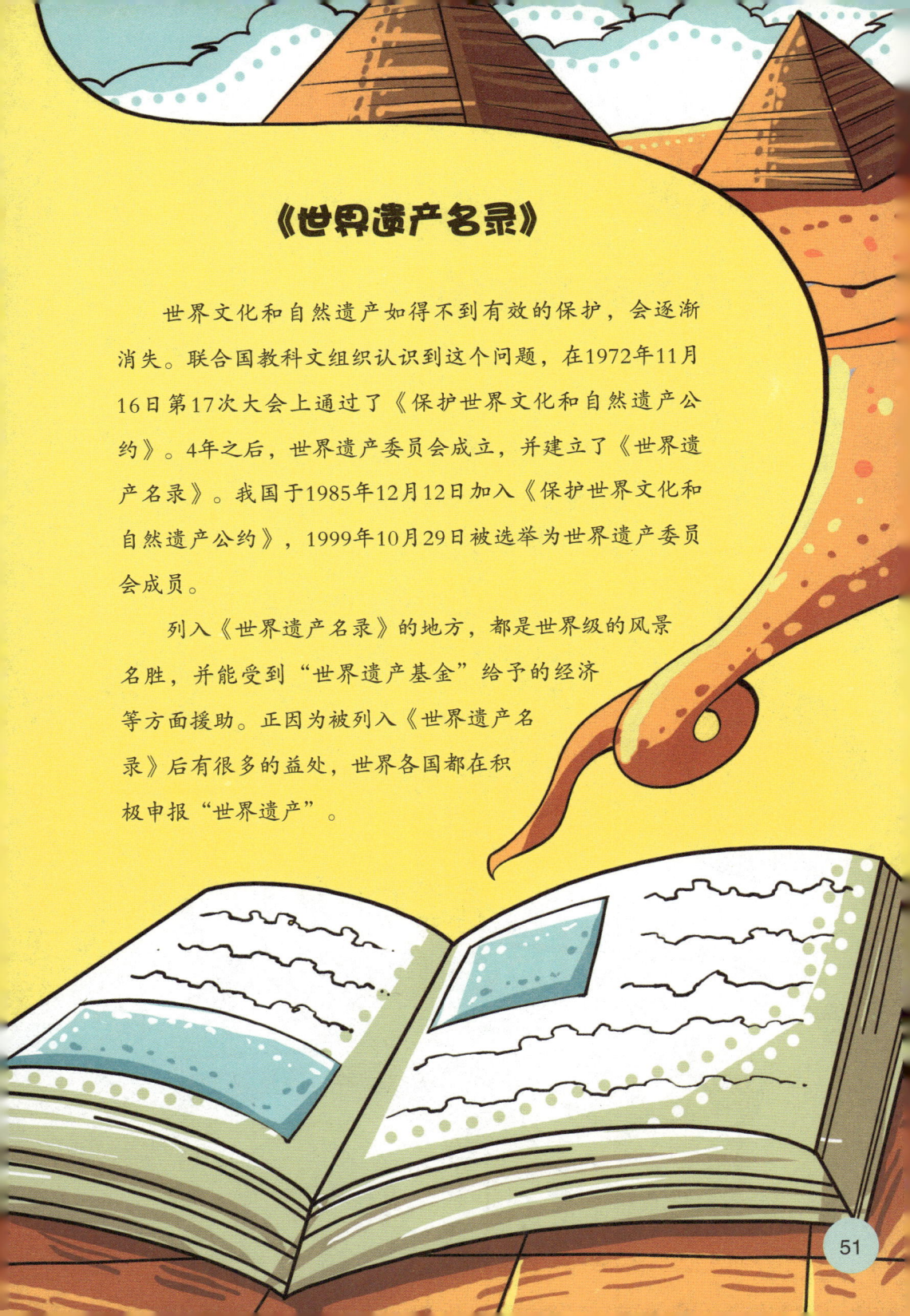

　　世界文化和自然遗产如得不到有效的保护，会逐渐消失。联合国教科文组织认识到这个问题，在1972年11月16日第17次大会上通过了《保护世界文化和自然遗产公约》。4年之后，世界遗产委员会成立，并建立了《世界遗产名录》。我国于1985年12月12日加入《保护世界文化和自然遗产公约》，1999年10月29日被选举为世界遗产委员会成员。

　　列入《世界遗产名录》的地方，都是世界级的风景名胜，并能受到"世界遗产基金"给予的经济等方面援助。正因为被列入《世界遗产名录》后有很多的益处，世界各国都在积极申报"世界遗产"。

第6章
走近古老的文明

这天,路易斯大叔说要带米娜和多多去探访尼日利亚古代的文明。

米娜说:"我只知道像我们中国那样的文明古国有古代文明,尼日利亚也会有自己的古代文明?"

路易斯大叔笑着说:"眼见为实,看过以后自然就知晓了。"

路易斯大叔他们坐上一辆中巴，沿着一条失修许久的高速公路行驶，在经历了数个小时的颠簸后，来到了一座宁静的城市。城内不高的建筑掩映在葱郁高大的树木后面。

"这是贝宁古城旧址，现在它也是尼日利亚埃多州的首府。"路易斯大叔告诉孩子们。

"贝宁古城？它建于什么时候呢？"多多问道。

"贝宁古城是贝宁古王国的所在地，建于公元10世纪。这里曾经生活着非洲黑人，他们创建了悠久的人类文明。这座古城存在了大约800年，在非洲乃至人类文明史上都占有重要的地位啊！"

听着路易斯大叔发自内心的感叹，多多和米娜环顾四周，

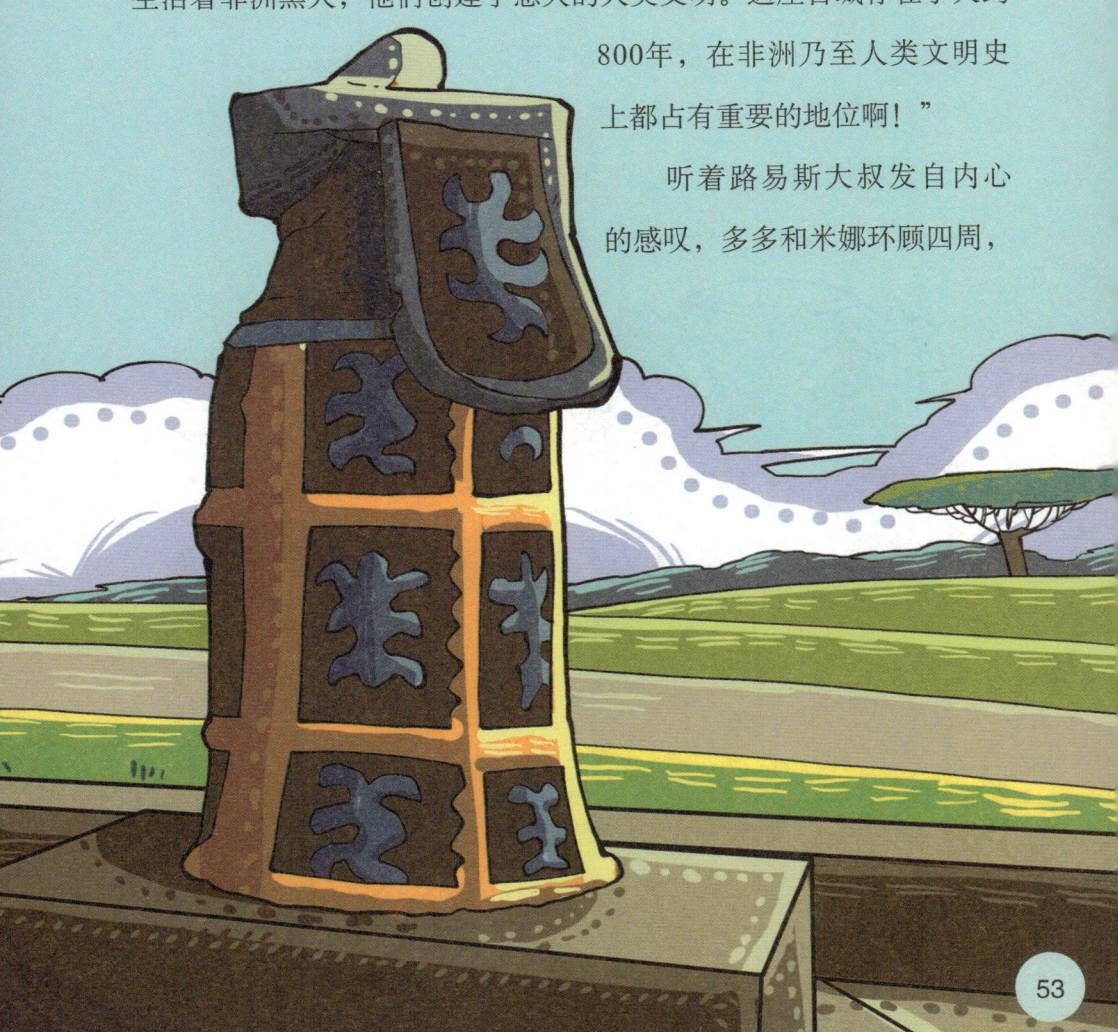

的确，这里没有富丽堂皇的宫殿，也不见雄伟挺拔的现代建筑。

路易斯大叔说："昨晚我看了地图，前面就是古贝宁国的王宫遗址，我们去看看。"

他们走了没多远，就看见一堵厚重的城墙横亘眼前，那赭黄色的墙体向远方延伸，几棵大树守在城墙的旁边，风儿掠过树梢沙沙地响，几只小鸟受惊后，展翅飞向云霄。

"围墙里就是王宫的遗址——奥巴宫殿。"路易斯大叔说。

走进宫殿，千年之前的建筑虽然不见了，可那建筑的遗迹却依稀显出古建筑曾经的宏大规模，几个宽敞的广场陈列在那里。每个广场的四周，还建有长长的回廊。穿过4个广场后，他们便来到了深宫内院。内院保存比较完整，辉煌而有气势，宫门重叠，四通八达。

米娜和多多被宫内柱廊和宫墙上镶嵌的青铜浮雕吸引了。浮雕凸出墙面，造型古朴，姿态自然，有花纹、脸谱和动物，那花纹变化多端，脸谱嬉笑怒骂、惟妙惟肖，动物栩栩如生。

更让人惊奇的是，宫内林立着诸多宝塔，每个塔顶或装饰有展翅欲飞的朱鹭，或雕刻着低头吐芯的大蛇。朱鹭是一种神鸟，象征着神灵的庇护；而蛇是国家主权的象征，也表示王权的威严。

米娜被这些精美的雕刻震撼了，她问道："路易斯大叔，这些雕刻难道真的是古代尼日利亚人自己创作的吗？"

"当然了，贝宁雕刻是世界艺术中的一朵奇葩，艺术价值不低于希

腊、罗马的雕刻艺术。1280年，贝宁古国在一个叫伊费古国的帮助下，建立了青铜铸造作坊，贝宁古国的雕刻艺术家们刻苦钻研，大胆创新，雕刻技艺在短时间内就超过了伊费。15世纪～16世纪初，是贝宁雕刻的鼎盛时期，很多优秀匠师被选调到宫廷，其中杰出的还被封为贵族，他们创作的作品都归国王所有，成为王室珍宝。"说到这些，路易斯大叔如数家珍。"可惜啊，孩子们，现在我们能看到的只有原先的1%还不到了。"

"是什么原因呢？"多多打破砂锅问到底。

"1897年2月，英国在对贝宁垂涎已久的情况下，动用军队侵入贝宁，贝宁人民奋起抵抗，他们同装备精良的英国军队激战了7个昼夜，终因实力悬殊而失败。英军侵入后，大肆掠夺，其中就包括这些存

放在王宫和神庙中的雕刻。这些文物还有很多在两次世界大战中遭到了毁坏，现在至少有3000件存放在各个国家的博物馆或被私人收藏了。"

米娜听了，不禁想起自己的祖国在鸦片战争中所受到的屈辱，紧紧地攥起了拳头。

参观完了贝宁古国王宫，三人又来到了贝宁博物馆。这里收藏着许多贝宁在战火中存留下的文物，他们再一次感受到了贝宁悠久的文明。

随后，他们走向贝宁城内的萨克波巴大街，那里的奥吉亚门酋长故居和阿索洛酋长祠堂是贝宁城有名的古代遗迹。

在古老的奥吉亚门酋长故居大厦里，他们欣赏了数量众多的贝宁建筑模型、各种金属制品和大量铜雕、神龛。

来到阿索洛酋长祠堂前，米娜读着祠堂的简介，知道了阿索洛酋长异常爱国。当英国入侵贝宁时，他临危不乱，英勇抵抗，最后身负重伤，为国殉难。这个祠堂，就是人们在他牺牲的地方修建的，里面有他的陵墓，还陈列着他曾用过的兵器、日用品等实物，表达了人们对这位酋长的永久怀念。

傍晚，在暮色中，他们乘坐着一辆敞篷车，环绕贝宁城一圈。在贝宁的新城区，看到街道笔直宽阔，市场繁华热闹，他们深为贝宁城今天的变化而高兴。

多多在车上问："路易斯大叔，战争和侵略让贝宁古城差点消失。古往今来，战争到底让多少古代的文明消逝在人们的视野中呢？"

这一次，路易斯大叔沉默了，久久没有回答。

青铜

青铜，是一种合金，成分主要有铅、铜和锡等。人类冶炼青铜的历史可追溯到公元前3000年，但应用于日常生活却较晚。大诗人荷马在《伊利亚特》史诗中较为详细地描述了希腊火神赫斐斯塔司把铜、锡、银、金混合后，投入熔炉，待全部融化后，炼成了战斗使用的盾牌。

青铜是人类发展史上一项了不起的发明，青铜发明不久后就盛行开来，人类也由此迈入了崭新的阶段——青铜时代。它熔点不高、质地柔软、可塑性强，经得起磨损，不易腐蚀，且色泽光亮，人们利用它可以铸造各种器具和机械零件。

第7章

神奇的古拉拉瀑布

转眼，来到尼日利亚已一周了，那些经历让人终生难忘。可米娜却有遗憾，她抱怨没有照到很多相片。

看着她噘起的嘴巴，路易斯大叔笑着说："哈哈，这次我们来尼日利亚的确与到别处不一样，就是没有给你两个小家伙拍照的机会。这不是我粗心，相机我带来了，但是每次出去我一般不带在身上，因为在尼日利亚的很多地方是禁止拍照的，如果被警察发现，甚至会惹上官司。"

"原来是这样啊，我心里还纳闷怎么这次

出去，您老是不带相机呢！"多多恍然大悟。

"不过，按计划，我们现在去的地方是可以带上相机的，一定让你们过足照相的瘾。"

米娜听了，高兴地跳了起来。

他们来到尼日尔州境内，这里虽然远离大海，可湖泊众多，湖泊在平原上蜿蜒，宛如银蛇。他们下车就听到"轰隆"的声响，循着那声响，他们来到了一条瀑布前。只见数条白色熟绢从山上飞泻直下，水花四溅，那颗颗晶莹的水

珠在阳光下如同美丽的珍珠。那瀑布像一位热情的姑娘，抒情地弹拨着潺潺不息的乐章，为干涸的土地带来绿意和希望。米娜不禁吟起诗句"大珠小珠落玉盘"。

路易斯大叔告诉他们，这就是著名的古拉拉瀑布——尼日利亚第一大瀑布，每年有数以万计的国内外游客来此观光，是当地闻名的景点。此时，还是旱季，水流量不大。如果是雨季，其巨大水流，磅礴恣肆地咆哮而下，那汹涌的气势，可以与世界上最壮观的瀑布媲美。

路易斯大叔说："孩子们，这里没有拍照的限制，我们可以随意照相啦。"

米娜高兴极了，她站到瀑布前，请路易斯大叔拍照。这里的一山一水、一花一木都让她着迷，她不时地变换着背景，在相机里留下张张笑脸。

多多几乎轮不到拍照的机会,他气呼呼地坐到一片草地上。米娜看他不再抢了,安心地做着各种好玩的鬼脸拍照,多多被她的淘气表情逗笑了。

米娜终于照完了,她对多多笑着说:"我这么做,你不要责怪我哟!在非洲看到瀑布可不容易,非洲的土壤渗水性比较好,雨水会很快渗入地下,河流稀少,瀑布就更少了。"

路易斯大叔点点头:"这就是古拉拉瀑布的神奇之处。多多,轮到你了。"

多多终于逮着了拍照的机会,他也选了好几处景色,过足了瘾。

之后，路易斯大叔掏出了地图，看了看说："我们再往东走，那里还会有美丽的风景的。"

米娜和多多兴致勃勃地和路易斯大叔一起向前出发了。

走了没有多久，他们就看到了一块巨大的石头，在蓝天白云下，只见那块巨石高约200米，长约400米，巍然矗立，显得很有气势。整块石头外表光滑如镜，四周都是悬崖峭壁，石头上没有能爬上去的路。

路易斯大叔说："这是一座石头山，名叫祖马石，它是尼日利亚的象征。2010年上海世博会，尼日利亚就是以它作为标志的。虽然它并不是最高大，可是却很神奇，有着许多传奇的故事……"

"你们看，你们看，祖马石上有一张人脸呢！"多多惊叫起来。

米娜细细去看，果真在石块的中央看到一张逼真的人脸，整张人脸图案占到山

体的1/5，它双眼微睁，鼻子高耸，鼻孔清晰可见，嘴巴下还有长长的胡须。

"据当地人说，祖马石是神仙居住的地方，不容玷污，更不容侵犯，否则神会发怒的，所以当地人都不敢靠近或者攀登呢。"路易斯大叔接着说，"曾经有家外国公司为了考察，花高价钱雇人攀上了山顶，但回来不久，上山的人全部得病。说得有些吓人，但我不相信，这事有迷信的色彩了。"

米娜和多多也不以为然，他们完全被那风景吸引了，久久不愿离去。后来，他们又发现祖马石的背后，还有一个村落，安详得似乎与世无争，一片幽静的田园风光。他们跑到村子里，村里的黑人小朋友看到他们很高兴，和他们做起了快乐的游戏。直至夜幕快要降临，他们才依依不舍地离去。

这一天，那久违的美景让米娜和多多久久难忘。

瀑布

瀑布是河水在流经土地断层或是凹陷地貌时垂直跌落形成的，所以瀑布还有一个比较专业的名字——跌水。瀑布的大小与河流的水流量有关，当河水暴涨时瀑布就很大，当河水干枯时便会消失，但这只是一种暂时性的情况。瀑布对地球的表面具有侵蚀作用，当然，它的侵蚀速度与多种因素有关，如瀑布的高度、流量，以及地表岩石的构造，等等。

第8章

难忘的烧烤之夜

到尼日利亚这么多天了,多多和米娜从没有在晚间与路易斯大叔出去游逛过,这与到其他地方截然不同。原先,每到一个国家,路易斯大叔在晚餐后,常领着他们散

67

步，领略当地的夜景和风土人情。因此，多多与米娜都心存疑惑。

这一天午餐时，多多提出了这个疑问。路易斯大叔笑着说："我听说尼日利亚晚间治安状况不好，我怕你们两个小鬼丢了啊。"

米娜和多多都笑了。

"不过，我们现在又回到了阿布贾，这是尼日利亚的首都，这里的治安状况很好，今天我特地了解了一下，从没有外国人夜晚在这里遭遇到不测。还有啊，这里的烧烤很有风味，孩子们，晚餐我们就去吃烧烤吧。"

多多和米娜欢呼起来。

"你们这么爱吃烧烤，那你们了解烧烤吗？"

两个孩子都摇摇头。

"烧烤或许是人类最古老的一种烹饪方式。在遥远的渔猎时代，人类的远祖发现雷电野火等可以烤熟食物，从此告别了生食。烘烤的食物多为肉类，因此有的地方又称烤肉。随着人类文明的发展，现在烧烤的方式越来越多，发展出各式的烧烤炉、烧烤架和烧烤酱等。现在，烧烤不再是只为了解决饥饿问题，而是变成了很多人一起休闲娱乐的方式。"

路易斯大叔的话让多多和米娜似懂非懂，但可以吃到烧烤毕竟是

值得高兴的事情。

终于,夕阳西下,大地一片橘红,路易斯大叔带着他们走出住地。

来到一条大街上,这里的楼房都不高,超过10层的寥寥可数。大街上行人很多,熙熙攘攘的很是热闹。

经过询问,三人在街道南边的一个拐角处,看到了烧烤摊点。那里有很多黑人男青年正吃着烧烤,喝着啤酒,聊着天,一番其乐融融的景象。

他们在离摊主很近的地方,找了个座位坐下。摊主是个黑人,胖胖的,看不出年龄。他过来热情地张罗着。

米娜听他说着不熟练的英语，好半天也没有弄明白意思。她问路易斯大叔："路易斯大叔，他说的'SUYA'是什么意思啊？"

路易斯大叔正和摊主说着话，听到米娜的提问，扭头说："'SUYA'是尼日利亚的特有单词，就是烧烤的意思。"

米娜这才明白了摊主的话。

路易斯大叔点了两大串牛肉，还点了一串鸡胗，要600奈拉。

多多说："哇，怎么这么贵？"

等他看到牛肉和鸡胗后便不再言语了。那牛肉、鸡胗每一串真的都特别大。

摊主的动作非常熟练,将油涂抹到牛肉和鸡胗上,那油清亮清亮的,是干净的植物油。接着,摊主将牛肉、鸡胗放上烤架,每隔一段时间,就涂上一些黑色的东西,然后翻过去接着烧烤。

"那涂的黑色的是什么东西呀?好像很不卫生呢。"米娜蹙着眉头说。

"呵呵,放心,我看了,绝对卫生。"路易斯大叔耐心地对米娜说,"食品在烧烤中,时间长了后,它的水分和油脂就会大量流失,吃起来就会感觉干涩。为了避免出现这样的情况,就需要适量地刷些烧烤酱。他涂抹的就是烧烤酱。"

烧烤端来了,散发着诱人的香味。摊主又向他们介绍,可以搭

配着黄瓜和洋葱来吃。他们这才发现,在肉类的架子旁,还有一个架子,那架子上摆满了青青的黄瓜和鲜红的西红柿。他们每人取了一个纸盒,拿了根黄瓜和一个西红柿。路易斯大叔点了一瓶当地的啤酒。三个人都吃得津津有味。

远处是来往的人流,近前是窃窃聊天的人群。这时,一弯新月攀爬上天空,洒落一地银辉,无数的星星一闪一闪地眨着眼睛……这一切如梦如幻,充满了异国情调。在这样的氛围中,多多食欲很好,吃完了,他还请求路易斯大叔再点一些。

"哈哈,我们还要去逛一个地方,那地方还有美味,现在吃多了,到时你就吃不下那些美食了。"路易斯大叔打趣道。

米娜说:"我可吃饱了,再好吃的东西也吃不下了。"

多多听了,催促路易斯大叔快带他们去。

他们向街道前方走去,走了不远,看到一家餐馆,那是一家叫瓦吉斯的印度餐馆。

多多说:"想不到这里还有印度餐馆呢。"

路易斯大叔说:"印度与尼日利亚虽然同属英联邦成员国,可食品的口味大相径庭。现在尼日利亚的印度餐馆越来越多,很多尼日利亚人开始品尝印度食品,并喜欢上印度食品。"

他们走进瓦吉斯餐馆,餐馆里的装修充满了印度风情,墙壁上悬挂着落地的窗帘,高高的天花板边沿凹凸有致,雕刻着精美的图案,在天花板正中是美丽的彩绘。餐馆里的食客三三两两地围坐在餐桌前品尝着美食,悠扬的乐曲和菜肴的香气在空气中氤氲。

穿着印度服饰的年轻服务生走上前来,有礼貌地请他们入座,路易斯大叔请他介绍一下餐馆的特色。服务生滔滔不绝地说:"我们的餐馆,采用印度传统工艺,在烤炉里烧烤食物,烤炉是用泥巴制成的，烧烤食物的火是炭火。烧烤出来的食物，香味特别浓郁。如果你们感兴趣，也可以到厨房里亲自观看整个食物的制作过程。"

这时，一个身材苗条的印度女郎向他们走来，热情地欢迎他们来做客。服务生介绍她就是老板娘碧娜。碧娜充满自豪地说："我们餐馆独具风味的烧烤世界闻名，许多来尼日利亚访问的政要都曾来此品尝呢，如加拿大的总理雷蒂安、英国女王伊丽莎白二世，餐馆墙壁上还有他们光临时的照片。"

米娜特意去看照片，果然看到墙壁上有老板娘所说的照片。

路易斯大叔看过菜单后点了烤鱼和烤明虾。

多多抑制不住好奇，走进厨房去看，那烧烤真的是从泥土制的烤炉中用炭火烘烤出来的。

点的烧烤摆上餐桌，香气扑鼻，路易斯大叔和多多吃得狼吞虎咽，米娜看着他们的吃相，闻着那浓浓的香气，也忍不住品尝了烤鱼和烤明虾，那味道鲜美极了。

从餐馆出来，已是深夜，路易斯大叔三人沐浴着如水的月光，回味着美味的烧烤，感觉不虚此行。

第9章

在拉普部落做客

路易斯大叔听一个当地人说阿布贾附近有个拉普部落，部落里有许多独特的风俗，他非常感兴趣，决定到那里参观一下。

这天早晨，风和日丽，路易斯大叔和孩子们早早地吃过饭，坐上了开往拉普部落的车。

经过几个小时，他们赶到了拉普部落。只见这里四周是碧绿的茫茫原野，纯净的蓝天下一座座低矮的茅草屋建在草地上，房前屋后，都盛开着白色的花朵，宛然花的海洋。正是煮食午餐的时候，炊烟袅袅，大人们劳作归来，在屋前抽烟聊天，一副恬然自得的样子；小孩子们在草地上奔跑着、追逐着，做着有趣的游戏，笑声如银铃在原野回荡。

米娜赞叹道："这里简

直就是一个世外桃源，没有一丝现代工业的污染啊！"

傍晚，夕阳染红西天。拉普人天性友善，热情好客，他们在族长的带领下，为远方来的客人举行了欢迎仪式。男人们手拿鹿皮鼓，轻快地敲打着，在跳跃的鼓点中，他们用当地土语唱着迎宾曲。

路易斯大叔、多多和米娜虽然听不懂歌词，可听着那抑扬顿挫、婉转悠扬的旋律，思绪穿越时空，眼前浮现出远古时代的情形。

20分钟的仪式结束了，酋长米古登斯请路易斯大叔他们到一座很大的茅草屋里享用烤鱼宴。宴会的食物非常丰盛，一条条重达三四斤

的大鱼被放上了案板，那鱼既像鲫鱼，又似鳜鱼，在案板上摆动着身子，不停地跳跃着。主人将它们切成大块，蘸上特制的调料，放到火炉上烧烤。不一会儿，空气中便弥漫了浓浓的肉香。

多多闻着那香气，垂涎欲滴。他问路易斯大叔："那是些什么鱼啊？"

"那是罗非鱼，非洲独有的一种水产，它肉质细腻，富含蛋白质，现在世界各地都在养殖。"

主人将一块块烤好的罗非鱼放到他们的面前，多多咬了一口，那鱼肉鲜美，肉质细嫩，他不禁连声称赞。

三人在酋长的热情招呼下，饱尝了一顿大餐。

吃好了晚餐，酋长让几名十几岁的姑娘为大家准备咖啡。姑娘

们先用清水洗净咖啡豆，然后用小木铲不断翻炒。咖啡豆的颜色渐渐发黑，浓郁的香气散发了出来，姑娘们将咖啡豆铲起来，送到每个人的面前，请大家闻闻香气。然后，姑娘们把咖啡豆倒进石臼，用一根长长的铁棒研磨，等豆子全部变为粉末后，姑娘们将它们倒进一把陶壶里。那壶造型奇特，颈长、肚圆，还有一双大大的耳朵。咖啡粉末倒进陶壶后，再装上水，放到炉子上加热。等香气四溢时，姑娘们就提着壶，把煮好的咖啡倒入杯中。

那透明的玻璃杯里盛着黑色的液体，散发出咖啡的香气。酋长告诉他们，这就是本地有名的黑咖啡。

米娜看着那黑黑的咖啡，说："的确名副其实，这咖啡颜色就像

墨汁一样。"她呷了一口，咖啡里没有加奶，也没有加糖，可是味道醇厚，香气酣浓，还有一股独特的酸味。她慢慢回味，陶醉其中了。

路易斯大叔也很喜欢喝这种咖啡，便问酋长："尊贵的酋长，这黑咖啡是在田地里种植的吗？"

"不是啊，"酋长摇着头，"你们来时看到我们屋子前后那白色的花了吗？那就是黑咖啡。每年的3、4月，黑咖啡开花，9至12月果实成熟，就可以加工出口了。我们这里每家都种植了黑咖啡，除了自家喝外，剩余的就卖出去。"

喝完了一杯，酋长说："在我们尼日利亚人心中，喝咖啡如同基督徒做祷告一样，有固定的时间、地点、器皿和仪式。一般是在傍晚，每周一次，由家里十几岁的女孩儿为大家准备。这第一杯叫作'阿部'，还请你们喝第二杯'托纳'和第三杯'莫卡'吧。"

三个人听从了酋长的话，将三杯都喝进了肚子。

酋长说："三杯黑咖啡一下肚，比什么都提神，甚至可以让人熬两天两夜。"

米娜和多多平时都爱喝咖啡，听了酋长的话却不以为然。

晚上，他们回到了阿布贾的住地，久久不能入眠，这才相信了酋长的话。米娜和多多几乎看了一夜电视，瞌睡才来临。

咖啡

"咖啡"起源于埃塞俄比亚的一个小镇，小镇名叫卡法，咖啡因此得名。饮用咖啡，可以提神，让人思维活跃，所以古希腊称其为"Kaweh"，意思是"力量与热情"。咖啡与我国的茶叶、巴西的可可被尊称为"世界三大饮料"。

人们饮用的咖啡是由咖啡豆制作出来的，咖啡豆就是咖啡树果实的果仁经烘焙而成的。咖啡豆内含有咖啡因，正是咖啡因让咖啡具有减轻疲劳，促进消化的功效。但咖啡因不能摄取过多，否则会导致人体中毒，甚至会致人死亡。

第10章
可怕的蚊子

这天晚上,天上有一轮圆月,洒落一地清丽的光辉;院子里,虫儿低鸣,椰树婆娑,夜色很美。米娜透过房间的窗户看到这些,就拉着路易斯大叔和多多陪她到院子里散步。

路易斯大叔和多多正在看电视,可见米娜要求迫切,就一边不满

地嘟哝着,一边往身上裸露的地方涂抹防蚊水。米娜说:"你们快点好不好?一会儿就回来了,抹防蚊水干啥?"

她先出了房间,路易斯大叔叫她涂防蚊水她根本就没有听到。

路易斯大叔和多多跟着米娜来到了院子里。银白色的圆月印染在湛蓝而深邃的天空上,没有一丝瑕疵,几近透明,几缕白云飘荡着,与明月若即若离。米娜不禁吟起李白的《古朗月行》:"小时不识月,呼作白玉盘。

又疑瑶台镜,飞在青云端。仙人垂两足,桂树何团团。白兔捣药成,问言与谁餐?……"路易斯大叔和多多也被那美丽的月色迷住了,他们在院子里散步聊天。

米娜感觉不时有蚊子在身边飞舞,脸上、胳膊、腿上不时地被蚊子咬一口。路易斯大叔看她在身上挠痒,就问:"是被蚊子叮咬了吧?"米娜点头称是。

路易斯大叔说:"那我们赶快回房间吧。"

米娜和多多都还想玩会儿再回去,路易斯大叔说:"据世界卫生组织统计,全球25%的疟疾病例发生在尼日利亚,而疟疾主要就是由蚊子传播的,带有疟原虫的母蚊是致人患上疟疾的罪魁祸首。在尼日利亚一定要注意不要被蚊子叮咬了,这个在来之前就对你们说过。"

米娜和多多只好听从路易斯大叔的话,回到了房间。

几天后的一个早晨,路易斯大叔和多多起床很久了,却不见米娜起来,往常一般都是米娜先起床的。他们来到米娜床前,米娜脸色通红,皱着眉头,显得很痛苦。

路易斯大叔问米娜怎么了。米娜嗓音沙哑："我头疼，身上忽冷忽热的，各个关节酸痛。"

路易斯大叔摸了一下她的额头，热得发烫，他说："你可能患上了感冒，也有可能是因为前几天被蚊子咬了，染了疟疾。我们去医院看看。"

阿布贾这座城市，有很多外国医院。他们来到一家法国医院，这家医院的治疗水平很高，给米娜看病的是一位年老的法国医生，从他的胸牌知道，他名叫雅克。他简单地查看后，要米娜去做血液化验。

很快，结果出来了，米娜患上了疟疾。

为了让米娜尽早康复，不耽误旅程，路易斯大叔请雅克医生给她输液。

雅克医生点头说："输液，可以让药物通过静脉血管，经身体循

环后，快速抵达患病部位，确实可以达到快速治疗的效果。"

路易斯大叔问："治疗疟疾用些什么药呢？对孩子身体有影响吗？"

"治疗疟疾主要用一些抑制疟原虫的药物，如奎宁、氯喹、青蒿素等。你放心，对人体是没有太大副作用的。"雅克医生温和地对路易斯大叔说。

雅克医生给米娜开了处方，路易斯大叔和多多搀扶着米娜来到输液室，这里有很多的床位，输液的人很多。

给米娜输液的是一位黑人护士，她看了处方笑着对路易斯大叔说："又是一个'被疟'的，这里输液的人大部分都是患这个疾病。"

几个小时后，随着输液的完成，米娜感觉身体舒服了很多，不再忽冷忽热，关节的酸痛感也减轻了许多。

他们回到雅克医生的办公室，正好没有病人，雅克医生在喝咖啡。路易斯大叔向他表示感谢。

临走前，雅克医生对他们说："你们外国人来尼日利亚，稍不留意就会患上疟疾，其实预防疟疾是有方法的，你们如果能做好以下几点，一定会在很大程度上减少疟疾的发生：第一，注意防蚊，在居室内少开门窗，有蚊子的房间，一定要灭蚊后居住，晚上出门，要在身上喷上防蚊水；第二，要做到多休息，尽量不熬夜，这样即使被带有疟原虫的蚊子叮咬了，也会降低患上疟疾的可能；第三，要有适度的体育运动，以增强体质，增强抵抗力。"

路易斯大叔问："做到以上三点，就不会'被疟'了吗？"

多多说："即使患上疟疾，也不可怕啊，我看米娜不是很快就康复了吗？"

"是啊，"雅克医生说，"按照现在的医学水平，疟疾治疗得及时，对身体伤害不大，更不会有生命危险。可是疟疾是有潜伏期的，最长的潜伏时间能达到10年。这个

小姑娘潜伏期短，在我们这里稍作检查就知道她患上了疟疾。如果在其他地方，医生想不到是疟疾的原因，当作感冒来治疗，耽误了治疗时机，就可能会危及生命的。即使在尼日利亚当地，有很多人不把疟疾当一回事，耽误治疗后，所以每年死于疟疾的人也有很多。"

多多听了，点头说："我知道了，该预防还是要预防的。"

世界卫生组织

　　世界卫生组织，简称"世卫组织"或者"世卫"，是隶属于联合国的一个专门组织机构。总部位于日内瓦，其创办目的是让全世界人们能更加健康地生活。该组织认为健康不仅仅是身体康健，而是身体、精神和社会生活都达到完美的状态。《世界卫生组织宪章》于1948年4月7日生效。为纪念组织宪章生效，在1948年6月第一届世界卫生大会上正式成立的世界卫生组织决定，将以后每年的这一天定为"世界卫生日"。参加世界卫生组织的成员国必须是主权国家，截至2015年，它在全球有194个成员国。

第11章

参加有趣的"少女节"

拉普部落的酋长米古登斯自从与路易斯大叔交往一次以后,便成了很好的朋友。

这天,米古登斯打来电话,邀请他们第二天8点参加"少女节"。

"'少女节'？"路易斯大叔诧异了，"我记得少女节是非洲一些民族古老的传统节日，它又叫'新果节'，是为庆祝年满13岁的少女长大成人的节日。不过，应该是在8月份。可是现在才4月，怎么就开始了呢？"

米古登斯酋长告诉他，拉普部落每年的4月是最清闲的时候，他们一直在这时举行少女节。

听说能参加少女节，米娜和多多都高兴得跳了起来。米娜这孩子就是有点儿好奇，她问大叔："你刚才说少女节都是8月，为什么会在8月呢？"路易斯大叔哈哈一笑："哦，因为在以前啊，非洲还没有通行的历法，他们就以椰子的生长来计时，每年椰子成熟时，就举行少女节。那时候正是8月份。"

"哦，原来是这样啊！"

第二天，他们提前半个小时来到了拉普部落。少女节是拉普部落最隆重的节日之一，要持续好几天。节日期间，人们停下手中所有的工作，家家户户都清扫房屋，收拾庭院，准备丰盛可口的食物。

在部落里，他们随处可见青年男女三五一群互相帮忙化妆，他们把宽大的香蕉叶铺在平地上，将一包包用树叶层层包裹的"化妆品"摆放在上面。

多多想知道树叶里究竟包裹了怎样的化妆品，就走到一群青年中间，请他们打开给他看。树叶拆开，里面放着的是各色的泥土，有红的、紫的、棕的、黑的、黄的……这些青年把泥土加水后和成了泥浆，互相涂抹在额头、脸颊、手臂及胸前。

8点了，本部落以及其他部落赶来的3000多人围了一个大圆圈。酋长一声令下，3声犀牛号角声低沉有力地响起，数十只火炮朝天鸣放，那嘹亮的声音激荡着气流，传得很远。在鳄鱼皮大鼓"咚咚"的伴奏下，50多名年满13岁的少女跳起了欢快的桑巴舞。

桑巴舞是源于非洲民间的一种舞蹈，主要模仿平常的家居生活，扭动臀部和腰肢，节奏欢快，动作幅度大，舞姿开放粗犷。那些姑娘头戴花环，身穿草裙，还在身上装饰着椰壳，她们颤动着身体，扭动腰肢，载歌载舞。有时，她们还翻滚倒立，网状的草裙便翻卷过来，让人感受到无穷的青春活力。

一旁观看的男青年早已摩拳擦掌，他们看了一会儿，就加入了舞

蹈的队伍，和姑娘们结成对子开始跳舞。舞池里，响起了男女青年欢快的呐喊声……

一位美丽的20多岁的黑人姑娘来到路易斯大叔身旁，邀请他跳舞。路易斯大叔可是一点儿桑巴舞都不会跳，于是摆手拒绝了。多多和米娜看到后捂着嘴直乐。那姑娘没有气馁，继续热情相邀，路易斯大叔无奈地随着她一起跳了起来。

米娜和多多见状，也牵着手步入了舞池，说也奇怪，不知是具有桑巴舞的天赋，还是被热烈欢快的气氛感染，他们的舞步渐渐熟练起

来。再看路易斯大叔，他也能"翩翩起舞"了。

人们跳完了桑巴舞，又开始了大规模的游行。

游行从活动的广场出发，沿着部落转一圈，每户人家都要经过。那些年满13岁的女孩排着整齐的队伍，缓缓前行。守护在队伍两旁的是手执长矛、身着古代铠甲的护卫。队伍的最

前面，走着一名儿童，他是领队，头顶一只大大的竹篮，篮内放着一只活鸡、几枚鸡蛋和一些鲜嫩的棕榈树叶子。

让米娜惊奇的是，篮子提手上系着一块沾满了鲜血的白布，她问路易斯大叔那有什么用意。

路易斯大叔说："这是几千年流传下来的风俗，或许是用这块带血的白布引开妖魔鬼怪，庇佑女孩们平安吧。"

整个游行共计一个多小时。游行结束，人群散开，开始自由活动。很多小伙子邀请姑娘到部落西边的山间去游玩、踏青或者烧烤，一对对的青年男女离开了部落。

与路易斯大叔跳舞的那位美丽姑娘走了过来，请他们三人到山间烧烤。

他们四人来到山间，这里绿树成荫，鸟鸣如歌。姑娘领着他们来到山谷的草地上，草色清幽，姑娘伸手就捉住了几只肥大的青色蚂蚱，用细长的草穿上，递给路易斯大叔和多多说："你们就负责捉蚂蚱吧。"

"蚂蚱能烤着吃？"多多惊叫。

路易斯大叔说："我吃过的，很好吃。我们来捉吧。"

不一会儿，他们便捉了两大串蚂蚱。

他们又来到附近的森林里，刚走了几步，便见前面有个宝塔状的建筑，高1.5米左右，姑娘说："这里肯定有很多白蚁，够我们吃的了。"

尼日利亚的山野里白蚁众多，经常可见宝塔状的巢穴，一般的巢穴有1米多高，最高的达到5米。

路易斯大叔曾经吃过味道鲜美的烤蚂蚱，但没有吃过烤白蚁。他不顾米娜的反对，兴致勃勃地说："听说白蚁是难得的美味呢！"

他们在白蚁巢穴旁的空地上生了一堆火，火苗调皮地舔着空气。姑娘从头上拔下一根铜针，串上几只蚂蚱，没有几分钟，蚂蚱就全烤好了，成了金黄色，散发出香味。

姑娘和路易斯大叔、多多吃了起来，米娜看他们吃得很香，便忍着恶心，拿起一只烤蚂蚱放进嘴里，嚼了嚼，感觉很香很酥，味道很好。

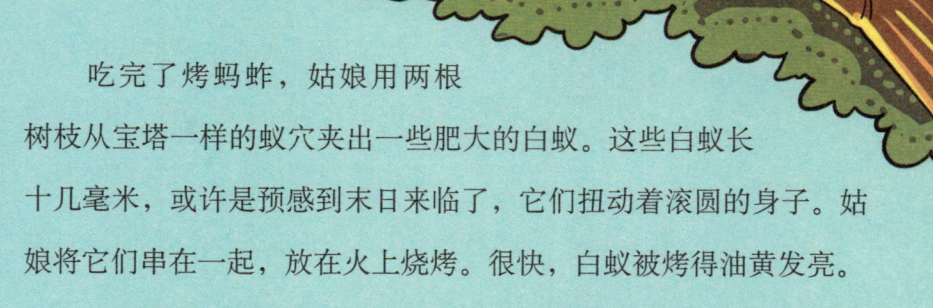

吃完了烤蚂蚱，姑娘用两根树枝从宝塔一样的蚁穴夹出一些肥大的白蚁。这些白蚁长十几毫米，或许是预感到末日来临了，它们扭动着滚圆的身子。姑娘将它们串在一起，放在火上烧烤。很快，白蚁被烤得油黄发亮。

路易斯大叔和多多接过姑娘递过的白蚁，米娜有了刚才吃蚂蚱的经验，也没有拒绝，接过白蚁。三人吃后，感觉味道鲜嫩，比烤蚂蚱还好吃。

四周不时有清脆的笑声和美妙的歌声传来,那是在山间活动的姑娘们和小伙子们发出来的。

姑娘说:"今天只是少女节的第1天,还有3天,每天大家都可以这样快乐。"

米娜和多多听了,感觉做个尼日利亚的拉普部落人也挺好的。

白蚁

　　白蚁是一种昆虫，它像我们平时见到的蚂蚁一样，过着群居生活。群中分为蚁后、蚁王、兵蚁、工蚁等多个阶级。白蚁种类繁多，目前发现的有2000多种，世界各地都有它们的踪影，当然，除南极洲那片冰雪地外。白蚁喜食木材或纤维素，可对农作物、人类住房甚至江河的堤坝等造成严重危害。白蚁分泌的蚁酸还能腐蚀白银。

　　消灭白蚁，只需破坏它的组织——将蚁群中的蚁后除去，蚁群便会土崩瓦解，不能生存。

第12章

遭遇食人鱼

尼日利亚的中部有一个高原——乔斯高原，那里风景优美、矿藏丰富，还有着悠久的史前文化，米娜早就对那里非常向往了。

一天，路易斯大叔说要带两个小家伙去乔斯高原游览，多多一脸的镇定，米娜却高兴地欢呼起来。

天高云淡，清风送爽，他们坐着一辆敞篷车，来到了乔斯高原。这里覆盖着森林或草原，到处郁郁葱葱，如一颗巨大的绿色珍珠。这里还种植着各种热带、亚热带的粮食作物和经济作物，一望无边的稻田，还有那枝叶繁茂的油棕榈、高大笔直的香蕉树等不时映入他们的眼帘。

米娜看了啧啧称赞道:"乔斯高原真是个美丽富饶的地方。"

路易斯大叔点头道:"是啊,这里是热带季风气候,年降水量丰沛,所以这里的草原水草丰美,森林葱郁茂密。最为可贵的是,地下储藏着丰富的锡及钽、铌等矿藏。这些矿藏给当地人带来了很大的财富,他们就是利用这些财富逐步建设了首府乔斯城。"

敞篷车在一个村庄停了下来,那村庄在碧绿的草原上,宛如一条远航的大船。他们走进村庄,看到了许多曾经开采锡的大坑。路易斯大叔说:"这就是诺克村,这里拥有3000多年前的文化,举世闻名,被称为诺克文化。"

多多问："诺克文化存在于那么多年以前，是怎么被发现的呢？"

"诺克文化的发现有个有趣的故事。"路易斯大叔打开了话匣子，"那是1943年，尼日利亚还是英国的殖民地，有个叫法格的英国见习官员派驻在这里。有一天，一个村民在锡矿水坑中挖掘出一个人头像，那头像五官清晰，还带着笑意，非常逼真，村民就把它拿出来做了赶走飞鸟的稻草人的头。法格看到了，觉得这头像非比寻常，便对所有的村民下了命令，要他们发现了这类物品后，一定要向他报告。之后，村民们相继发现了160多件属于同一风格的赤陶雕像，雕像既有人像，也有动物。很多考古学家闻讯赶来，诺克文化就此被发现了。"

"诺克文化的发现意味着什么呢？"米娜问道。

"诺克文化未被发现前，非洲一直被人们认为是处在原始艺术的发展阶段，艺术作品以非写实的变形作品为主。甚至在19世纪末，欧洲人看到古贝宁王国精美的雕刻作品时，还不相信它们是非洲人的创作，认为是欧洲的传教士们创作的。诺克文化为整个非洲的艺术史、文明史平反了。"

在村里，他们看到很多地方竖立着标牌，牌子上有被发现的雕刻的照片，那些雕刻无不惟妙惟肖，具有美感。

离诺克村不远，有一个巨大的峡谷，它是有名

的旅游景点。他们随着一群游人步入峡谷,一股凉爽的风吹来,顿感神清气爽。

峡谷内可以说是一步一景,到处有飞流的瀑布,虽是旱季,水流量并不大,可也发出轰鸣声,雄奇而壮观。

瀑布汇聚成一条河流,潺潺流淌着。河边水草碧绿茂盛,很多当地人在此放牧,牛羊散落在草地上,悠闲地吃着水草,充满了诗情画意,让人心旷神怡。忽然,听到前方有人惊叫,叫声急促惊慌。三人同其他游人急忙跑了过去。

一个黑人小孩正呜呜哭着,他指着河里,那里的水不再像别处的水清澈见底,而是被鲜血染红了。听着小孩的哭述,他们知道是一只羊到河里饮水,它跑到了河心,遭遇了食人鱼。

食人鱼被人们称为"水中恶魔",它没有鲨鱼、鳄鱼的体形大,

体长只有10厘米左右，可是特别凶猛。食人鱼很少单独行动，常几百条、上千条聚集在一起。

米娜说："我只知道南美洲有食人鱼，难道非洲也有这种鱼吗？"

路易斯大叔说："非洲很多地方有这种鱼。因为食人鱼背部是深褐色的，腹部银白色，还夹杂着黑色斑点，眼睛赤红，看起来很漂亮，很多地方的人把它当宠物养，可是它繁殖速度很快，不久就成了灾害。现在不仅南美洲和非洲有，甚至欧洲、亚洲也都有了。"

河水慢慢清澈了，他们看那河里，游动着无数头大、背高、下颌突出的小鱼，那就是食人鱼。河底，一副羊的骨架安静地躺着，白森森的很是吓人。

米娜吓得闭上了眼睛。

多多惊叹："食人鱼太厉害了！"

"食人鱼体形很小，但性情十分残暴，被它们咬过的猎物一旦溢出了鲜血，它们就会疯狂无比，一窝蜂地扑过去，用锋利的尖牙凶暴地撕咬切割，很快就会把猎物身上的肉撕咬干净，只剩下白森森的骸骨才停止。今天你们看到的只是一只羊被它们吞食，食人鱼甚至敢袭击比它们大几倍、几十倍的动物。猎食时，它们会先咬住猎物的致命部位，让它失去逃生能

力，然后发起攻击，相继冲上去猛咬猎物，迅速地将目标化整为零。1914年，巴西有个村民骑着骡子过桥，桥窄难走，骡子突然失足，与村民一起跌入水中，遭遇到了食人鱼，不到半个小时，人与骡子就被食人鱼咬得只剩骨架了。"

路易斯大叔对食人鱼非常了解，他滔滔不绝地讲解着，不仅吸引了多多和米娜，也吸引了同行的游客们。

很多放牧的人听到小孩的哭声后赶过来，见食人鱼只是吃了一头羊，都松了口气。这里经常有这样的事情发生，没有出现人员伤亡，就是万幸了。

游罢乔斯高原，他们既因看到美丽的风景、悠久灿烂的文化而喜悦，又因目睹了食人鱼的凶残而后怕。

第13章

古今文明交汇的卡诺城

按照计划，下一站就是去尼日利亚的历史古城卡诺了。这也是他们在尼日利亚的最后一站，之后，他们就要返程回去了。

在前往卡诺的飞机上，路易斯大叔告诉多多和米娜，卡诺城如今是尼日利亚卡诺州的首府，工业发达，商贸活跃，是西非现代化的陆空交通枢纽。最让人称道的是，它拥有2000多年的历史，经历了如此漫长的岁月，虽然也遭受过战火和自然灾害，但是文物古迹却没有遭

到毁坏,依旧保存完好,这在整个西非实属罕见。

多多和米娜听后,对即将到达的古城充满了向往。

飞机抵达了卡诺州的上空,只见这座城市紧邻茫茫的沙漠,它就像一片绿洲,洋溢着生机。

米娜说:"那就是卡诺城吗?真的太美了!"

"是啊,那就是卡诺,它地处撒哈拉沙漠的西南边缘,在撒哈拉大沙漠跋涉的人看到了它,就意味着已经穿越沙漠,来到了人口密集的地区了。"

"为什么叫卡诺呢?这名字我

听着非常熟悉。"多多问道。

"你可能曾经看过有关的书籍吧。卡诺城是非洲著名的豪萨七邦之一的卡诺王国都城,它以当年率领众人建城的卡诺的名字命名的。卡诺这个人是非洲历史上赫赫有名的阿布加亚瓦族的首领。正是由于卡诺城的建成,使豪萨部落的人有了自己的领地,从而发展壮大。"

下了飞机,到宾馆放下了行李,多多和米娜顾不上休息,就央求着路易斯大叔带他们去游览卡诺古城。

他们住宿的宾馆在卡诺城的新城区，现代化气息很浓，高楼林立，车流不断。路易斯大叔说："要想真正了解卡诺城，我们需要到旧城区去。"

乘坐出租车不过20分钟，一座高大的城楼矗立在三人面前，司机告诉他们卡诺城的旧城区到了。

三人走下车，看到那城楼两边联接着泥筑的两人多高的城墙，城墙蜿蜒延伸，不见尽头。

路易斯大叔说："整个卡诺旧城区城墙呈不规则的椭圆形，长24千米，高达4米，我们所到的这座城楼是它14座城楼之一，从建造至今，城墙和所有的城楼基本保持着原状。"

三个人步入旧城区，一座座红色的建筑让他们眼花缭乱，原来那些建筑都是用红土筑的墙壁，建筑物高大坚实，特别是那墙壁上到处都雕刻着浮雕，有高飞的鸽子、栖息的乌鸦、盘旋的苍鹰，也有威武的狮子、神气的猴子、奔跑的骏马，还有各种花卉和人物……无不栩

栩如生，富有生气。

米娜流连在那些建筑间，欣赏着那筑在房屋顶端的女儿墙和垛口，赞叹那优美的线条和古色古香的造型。忽然，她有了一个奇特的发现："路易斯大叔，这些房屋建筑都很宏大气派，可是门窗为什么那么稀少呢？"

多多也说："是啊，是啊，我早就感觉到不对劲了，可是一直说不上来。"

"哈哈，看来你们这段时间的旅行还是值得的，能发现问题，提出问题了。"路易斯大叔高兴地说，"卡诺城靠近撒哈拉沙漠，当北风来临时，黄沙漫天。门窗少了，可以有效地抵挡风沙。"

他们边欣赏美景边聊，不觉走到了旧城区的中央位置。一座宏伟

的王宫展现在眼前，那王宫有着阔大的围墙，占地面积是一般建筑的几千倍，走进去后，亭台楼阁难以计数，每座建筑上的浮雕比之王宫外的那些更为精致。

不待多多和米娜提问，路易斯大叔就说："这是埃米尔王宫，是卡诺城最著名的古代建筑。直到现在，每逢重大的节日，豪萨部族的酋长都会身着多彩多姿的民族服饰，在马队和持有古代兵器的卫士的簇拥下，来到这里集会、游行，威风凛凛，万众瞩目。我们来得不凑巧，不然我们一定会被那庞大的阵容、浩浩荡荡的队伍吸引。"

接着，他们又来到了库米尔大市场，这里有很多背负着沉重货物的驼队，那是进出撒哈拉沙漠的骆驼商队。路易斯大叔告诉米娜和多多，库米尔大市场已经快有1000年的历史了，自古就是骆驼商队的歇脚点，也是古代大西洋到尼罗河之间最重要的商贸场所之一。

天渐渐暗了下来，旧城区内闪烁着灯光，似乎走不到尽头。多多说："今天我们试试，看到底什么时候能走出旧城区。"

米娜叫喊着累了，路易斯大叔也笑着说："算了，我们还是坐车回去休息吧。想走出旧城区是很不容易的，旧城区总共有100个小区，我们今天所游览的只是其中很少的部分。它的每个小区都有一个传统市场。"

多多听了，没有坚持，和米娜随着路易斯大叔回宾馆休息。

第二天，他们一早就又开始了新旅程。今天他们主要游览的是与旧城区只隔着中央商业区的新城区。新城区的面积比旧城区还要大很多，为了节省体力和时间，他们乘坐了一辆观光车。

新城区与旧城区的风格迥异，这里到处是鳞次栉比的现代化建筑群，街道宽阔笔直，街道旁栽种着各类热带植物，葱郁繁茂，姹紫嫣红。几乎每个街道都有街心花园，花园里都竖立着一座构思巧妙、寓意深远的现代雕塑。目之所及，到处是宾馆、高级饭店、豪华酒吧以及大型运动场、游艺中心等，这与美国的洛杉矶或华盛顿没有什么区别。

三人坐在车上，感触很多，为尼日利亚有这样现代化气息浓郁的城市而高兴。

米娜还说了一句颇有文采的话:"卡诺城的旧城区就像一面镜子,折射出沧桑的历史;而新城区,就像一扇橱窗,展现着现代飞速发展的文明。"

路易斯大叔和多多听罢,不禁为她鼓起掌来。

终于,这趟尼日利亚之旅画上了句号,虽然三个人都有些恋恋不舍,但不结束这次旅行,下一次又怎么会开始呢?很快,路易斯大叔带着两个孩子坐上了返程的飞机,尼日利亚这只"翱翔在非洲的雄鹰"逐渐淡出了他们的视野,却留在了他们的记忆中……